SÓLO CRUDO

Stefano Momentè y Sara Cargnello

SÓLO CRUDO

Cocina natural integral

EDICIONES OBELISCO

Si este libro le ha interesado y desea que le mantengamos informado de
nuestras publicaciones, escríbanos indicándonos qué temas son de su interés
(Astrología, Autoayuda, Ciencias Ocultas, Artes Marciales, Naturismo,
Espiritualidad, Tradición...) y gustosamente le complaceremos.

Puede consultar nuestro catálogo en www.edicionesobelisco.com

*Los editores no han comprobado la eficacia ni el resultado de las recetas, productos, fórmulas
técnicas, ejercicios o similares contenidos en este libro. No asumen, por lo tanto, responsabilidad
alguna en cuanto a su utilización ni realizan asesoramiento al respecto.*

Colección Salud y Vida natural
Sólo crudo
Stefano Momentè y Sara Cargnello

1.ª edición: mayo de 2012

Título original: *Solo crudo, cucina naturale integrale*

Traducción: *Rolando d'Alessandro*
Maquetación: *Natàlia Campillo*
Corrección: *M.ª Ángeles Olivera*
Diseño de cubierta: *Enrique Iborra*
Fotografías de: *Jorge Wiegand*

© 2007, Macro Edizioni
(Reservados todos los derechos)
© 2012, Ediciones Obelisco, S. L.
(Reservados los derechos para la presente edición)
© 2012, Jorge Wiegand para las fotografías
(Reservados todos los derechos)

Edita: Ediciones Obelisco, S. L.
Pere IV, 78 (Edif. Pedro IV) 3.ª planta, 5.ª puerta
08005 Barcelona - España
Tel. 93 309 85 25 - Fax 93 309 85 23
E-mail: info@edicionesobelisco.com

Paracas, 59 C1275AFA Buenos Aires - Argentina
Tel. (541-14) 305 06 33 - Fax: (541-14) 304 78 20

ISBN: 978-84-9777-840-4
Depósito Legal: B-10.766-2012

Printed in Spain

Impreso en España en los talleres gráficos de Romanyà/Valls, S. A.
Verdaguer, 1 - 08786 Capellades (Barcelona)

Agradecimientos

A Cherie Soria y a Melissa Demos, de Living Light International, por su apoyo y sus aportaciones prácticas.

Gracias a Jason, por la ilusión y el entusiasmo transmitidos; a Sara, Alfio y Cristina, por las sugerencias y preciosas aportaciones; a Roberta, por la revisión de los contenidos y las sugerencias en el transcurso del trabajo; a Laura, Bárbara y Roberta, por haber probado las recetas; y a Bibi por su creatividad y apoyo. Un agradecimiento especial de parte de Sara a sus padres, Silvana y Armando, por su apoyo y confianza. Y, finalmente, gracias de corazón a todos los amigos que nos han brindado su apoyo en la redacción de este libro. Y a todos los que, sin querer, hemos descuidado mencionar.

La revolución desembarca en Europa

Existe una revolución mundial, que está adquiriendo cierta importancia en algunos países, gracias a este libro y al trabajo de sus autores, Sara Cargnello y Stefano Momentè, y a otras publicaciones que sin duda le seguirán. Es una revolución que conlleva salud y bienestar en todos los niveles de cuerpo, mente y alma.

La gente está cansada de alimentarse con comidas desnaturalizadas, causa de poca salud y obesidad. Está harta de esperar respuestas por parte de médicos y empresas farmacéuticas. Ya no quiere alimentarse con comida alterada por procesos químicos.

Una dieta biológica, cruda y vegana puede ofrecer a la humanidad el retorno a una forma de vida totalmente natural que nos permitirá lograr, por primera vez, el pleno control de nuestras vidas. Es la única dieta que garantiza no sólo salud y bienestar a la humanidad, sino también al medio ambiente y a todas las criaturas de la Tierra.

Nuestra salud es un reflejo del mundo en el que vivimos. La mayoría de nosotros no sabe qué significa vivir una vida sana e intensa. Muchos creen gozar de buena salud porque no advierten síntomas perceptibles de enfermedad. Sin embargo, para valorar la calidad de la salud es necesario cuantificar nuestro grado de vitalidad y de ilusión de vivir. Hoy, millones de personas son incapaces de aguantar una vida «acelerada», comer deprisa, saciarse con comida preparada y *fastfood* completamente desprovistos del ingrediente más importante, ¡el amor! La mayoría de estos alimentos son cocinados, refinados, a menudo fritos y prácticamente tóxicos para nuestros cuerpos. Comemos deprisa y corriendo, de pie, por la calle o delante del televisor sin apreciar ni darnos cuenta de lo que nos aporta. El número de personas enfermas, deprimidas e inconscientes de su condición está aumentando y revela la poca calidad de nuestra existencia.

Una tercera parte de todas las formas de cáncer está relacionada con problemas de obesidad, con una dieta deficiente y una vida sedentaria, todos ellos factores que favorecen también la aparición de enfermedades cardíacas. Cuidarnos es la mejor forma de conseguir una vida dominada por la alegría y el vigor. No hay seguros o asistencias sanitarias que nos puedan ofrecer el bienestar y la salud de una vida vivida de forma sana y consciente.

Los primeros pasos hacia un estilo de vida vibrante son fáciles: simplemente habrá que añadir más fruta, verdura, semillas y germinados a nuestra dieta. Es una forma de asumir la responsabilidad de nuestra salud y empezar a recorrer la senda de una vida consciente y alegre. Los resultados serán un cuerpo más esbelto, una mejora generalizada del estado de salud, más energía, más satisfacción comiendo y la capacidad de gozar de lo que es sencillo y natural. Esta aproximación original, casi primordial, a la alimentación provee de vitalidad nuestros cuerpos, nuestras mentes y nuestras almas y nos permite apreciar plenamente la vida.

Al empezar un régimen crudista muchos quedan sorprendidos al experimentar un placer mayor del que sentían comiendo alimentos cocidos. Se trata de una satisfacción cuya raíz no es sólo física sino también psíquica y espiritual. Comer más alimentos crudos mejora nuestra salud y nos hace apreciar más la vida y sentirnos más cercanos a la Tierra. Ello no significa que comer alimentos cocidos sea una equivocación, sino simplemente que cuantos más alimentos cocidos reemplacemos por comida cruda en nuestra dieta, más vitalidad, clarividencia y consciencia de nosotros mismos tendremos. Una de las ventajas de comer crudo es la consecución del peso ideal que, en la mayoría de los casos, implica adelgazar.

Comer crudo no significa renunciar a los placeres de la buena mesa. Muy al contrario, los alimentos crudos preparados con esmero resultan más sabrosos. Cuando elaboramos nuestra comida en un estado de serenidad, nuestro amor se transmite a nosotros mismos y a los demás a través del alimento. La comida cruda, simple, exquisita, preparada con cuidados amorosos deja en nuestro cuerpo una sensación de ligereza y libertad. Es probable que en cada uno de nosotros haya algo que pida un alimento que los científicos no saben identificar.

Muchas personas, tras adoptar un régimen crudista, comprueban que su cuerpo necesita menos horas de sueño. Otros experimentan una desintoxicación rápida porque los alimentos crudos son capaces de estimular una limpieza del cuerpo tanto física como emotiva. Por todo ello, siempre que no se padezca alguna enfermedad grave (en cuyo caso se recomienda consultar a un médico), sugerimos incrementar gradualmente la presencia de alimentos crudos en la dieta para evitar posibles trastornos como dolor de cabeza, dermatitis, letargia, dolor de estómago, gastritis y cambios repentinos de humor. Acompañar la transición es fácil, basta con escuchar al cuerpo, aumentando progresiva y suavemente la cantidad de alimentos crudos.

Muchos creen que empezar un régimen «crudo» es algo difícil o demasiado complicado, y que la preparación de los alimentos requiere mucho tiempo o herramientas especiales. En realidad puede resultar tan sencillo como pelar un plátano, o complejo como hacer una tarta de plátanos con crema de chocolate. Ambas posibilidades son apetecibles, te corresponde a ti decidir cuánto tiempo deseas pasar en la cocina. Un simple batido de fruta o de verduras es tan fácil de preparar como sabroso, a la vez que sacia totalmente. Pero tal vez haya ocasiones en las que te apetezca hacer algo especial y más elaborado, como una lasaña. El hecho es que, con una cocina convenientemente equipada y algo de imaginación, la mayoría de recetas clásicas pueden elaborarse en versión cruda. Nuestros platos preferidos pueden reinventarse para satisfacer el paladar y alimentar el cuerpo a todos los niveles. ¡Las posibilidades son infinitas!

CHERIE SORIA

Cherie Soria es autora de The Raw Food Diet Revolution, Angel Food y Comiendo Pura Vida. *Además, es fundadora y directora de Living Light International, una organización que comprende Living Light Culinary Arts Institute, una escuela de cocina cruda y vegana abierta a todos los niveles, desde principiantes hasta chefs; Living Light Cuisine To Go, un café que sirve platos crudos y orgánicos; Living Light Marketplace, una tienda de productos para un estilo de vida consciente y la cocina crudista; y Living Light Events & Celebrations, una agencia que organiza eventos, ofrece servicios de catering y que presenta cada año la exposición «Vibrant Living», así como Raw World, un acontecimiento tropical en Costa Rica. Cherie y su marido, Dan Ladermann, instructor certificado por el Hippocrates Health Institute, y presidente del Institute for Vibrant living, han dedicado su vida a educar a las personas sobre los beneficios de la dieta cruda.*

Para contactar con Cherie Soria o para recabar información sobre los cursos o productos de Living Light, consulta la página: www.RawfoodChef.com o bien escribe a: info@RawFood-Chef.com

Living Light International
301-B North Main St.
Fort Bragg. CA 95488
EE.UU.
Tel: +1-707-964-2420
Fax: +1-707-964-1841

Qué es el crudismo

El crudismo consiste en eliminar la cocción de los alimentos. El crudista, en efecto, sólo ingiere alimentos crudos, lo que permite conservar intactos los valores nutricionales que de otra forma resultarían mermados. Las ventajas del crudismo son múltiples: las vitaminas y las sales minerales presentes en la comida permanecen inalteradas, se estimula la digestión, se limpia el intestino y el organismo se desintoxica e hidrata. En su forma perfecta y preferida, el crudismo es vegano, es decir, excluye cualquier alimento de procedencia animal.

Cuándo surge

En el Evangelio Esenio de la Paz, publicado como un extracto de manuscritos del siglo III d. C., se describen las costumbres y la filosofía de los esenios. Entre las normas de vida adoptadas por este pueblo para la longevidad, se encuentran recomendaciones dietéticas para una opción vegetariana y crudista. En épocas más recientes se ha hablado de naturismo crudo y más tarde la opción crudista, elemento de un estilo de vida sobrio, se convierte en dieta. El primero en hablar propiamente de crudismo fue el médico y nutricionista suizo

Max Bircher-Bener a comienzos del siglo xx: sostuvo que la fruta y las hortalizas, gracias a la fotosíntesis, tienen la capacidad de encauzar la energía solar y traspasarla a quien las come. Le seguirían las investigaciones de Herbert Shelton.

Max Bircher-Benner

Max Bircher-Benner fue precursor de las ciencias de la nutrición, con un siglo de antelación respecto a sus sucesores. Mientras todo el mundo apostaba por las propiedades nutritivas de la carne, él ensalzaba los beneficios del crudismo vegetariano.

Max Bircher-Benner, un médico suizo, dedicó toda su vida al estudio de las propiedades nutritivas de los alimentos crudos, que definía materia viva. A partir de la aplicación de una simple receta pitagórica, descubierta de forma casual, desarrolla sus investigaciones: lleva a cabo las primeras experimentaciones con miembros de su familia y posteriormente las aplica a otros pacientes.

Y con los resultados llegaron los primeros descubrimientos: fruta y verdura crudas poseen propiedades curativas únicas, que existen sólo en estos alimentos. Son descubrimientos que llevan a la marginación de Max Bircher-Benner del mudo de la ciencia oficial, marcando el inicio de una nueva vida del médico suizo, que sus pacientes definirían como «el médico milagro».

Herbert Shelton

Herbert M. Shelton nació en 1895. Estudió higienismo natural desde que iba al instituto. En 1922 publicó su primer libro, *Fundamentals of Nature Cure*. En reconocimiento a la importancia del movimiento higienista (que el doctor Isaac Jennings y Sylvester Graham habían dado a comer en el año 1832), cambia el título de su libro a *An Introduction to Natural Hygiene*. En el año 1928 se publica *Human Life: Its Philosophy & Laws*y, y en 1931 *The Hygienic Care of Children*.

Herbert Shelton murió en 1895. Muchos devotos y admiradores le consideraban un gran inspirador y un sanador natural.

Al parecer, Mahatma Gandhi tenía en gran estima los escritos de Shelton sobre el ayuno, y antes de que estallara la segunda guerra mundial le invitó a que le visitara a la India.

¿Porqué ser crudistas?

El hombre ha cocido sus alimentos durante miles de años. Sin embargo, lleva mucho más tiempo en la Tierra y está biológica y fisiológicamente programado para comer sin utilizar el fuego, como todos los demás animales. Violar las reglas de la naturaleza conlleva consecuencias evidentes: ningún otro animal en el planeta cuece su comida y ningún otro, excepto el ser humano (y los animales domesticados), se ve aquejado por tantas dolencias y enfermedades.

El calor modifica la estructura molecular del alimento, causa de una menor asimilación de los nutrientes. Los alimentos cocidos y desnaturalizados, en especial los industriales, siempre son menos digeribles que los crudos.

Todo lo que consumimos, y que no puede ser digerido o asimilado, es eliminado como material de desecho.

Comer con regularidad alimentos desnaturalizados produce abundantes residuos y desechos; los órganos encargados de su eliminación no logran desempeñar su tarea de forma adecuada: el material de desecho se acumula y este proceso provoca un estado de intoxicación generalizado del organismo, lo que genera la enfermedad.

Una correcta alimentación no desnaturalizada nos proporciona todos los nutrientes necesarios, tal como ocurre en todas las demás especies vivientes.

El hombre, además, es frugívoro

En una subdivisión por clases puede observarse, en efecto, que:

- **Los carnívoros** se distinguen por una estructura física depredadora: garras, incisivos, caninos y molares acuminados; cuentan con pocas glándulas salivales y producen una saliva ácida sin ptialina, una encima inútil si no hay que digerir almidones. Su lengua es rasposa, y las mandíbulas sólo realizan un movimiento vertical para desgarrar y morder. Su intestino delgado (3 veces la longitud del tronco) elimina la carne rápidamente, y una secreción gástrica muy ácida (10 veces más abundante que la de un animal herbívoro) digiere las abundantes proteínas. Otros elementos característicos son: la ureasa (enzima que neutraliza el exceso de ácido úrico), la ausencia de poros en la piel (para evitar la cristalización del ácido úrico y la consecuente artritis), aptitud para la rapidez y la potencia pero con poca resistencia, placenta de tipo zoniforme, estómago de tipo simple y orina ácida.

- **Los herbívoros** se distinguen por una estructura fuerte pero no agresiva: dentadura desprovista de verdaderos incisivos superiores para morder frutos, y de caninos para desgarrar; tienen molares aptos para triturar la hierba, una lengua lisa, una mandíbula capaz de ejercer también movimientos laterales, saliva alcalina y rica en ptialina. El intestino tiene una longitud de hasta 20 veces el tronco, el estómago tiene forma tripartita, la secreción gástrica es poco ácida, la placenta no caduca y la orina es alcalina.

- **Los omnívoros** guardan un estrecho parentesco con los carnívoros; son capaces de adaptarse a una dieta más variada pero conservan muchas características físicas de los carnívoros, así como bastante agresividad. Tienen incisivos desarrollados, molares con pliegue, saliva ácida, lengua lisa, placenta no caduca, un intestino 10 veces la longitud del tronco, fondo del estómago redondeado, una secreción gástrica muy ácida, así como una orina ácida.

- **Los frugívoros** (que se nutren se fruta y semillas) tienen una estructura física no ofensiva. La saliva es alcalina y está producida por numerosas glándulas salivales; los incisivos están bien desarrollados, los molares son planos, la lengua es lisa y el intestino tiene una longitud equivalente a aproximadamente 12 veces la del tronco. El estómago tiene duodeno, la secreción gástrica es poco ácida y la orina es alcalina.

- **El hombre** tiene una estructura física no ofensiva: uñas planas, sin garras; su saliva es alcalina y contiene ptialina; dispone de numerosas glándulas salivales, lengua lisa, mandíbulas débiles y no pronunciadas capaces de realizar movimientos laterales, incisivos bien desarrollados, molares planos, intestino unas 12 veces más largo que el tronco, estómago con duodeno, secreción gástrica poco ácida (unas 20 veces menos que los carnívoros), placenta de tipo discoidal. El hombre, además, no tiene ureasa, cuenta con glándulas sudoríparas repartidas por todo el cuerpo, su campo visual es amplio y estereoscópico y con visión de los colores, y su orina es alcalina.

Si observamos con atención las distintas clases de animales, comprobaremos que el hombre no forma parte ni del grupo de los carnívoros, ni del de los herbívoros y mucho menos del de los omnívoros, sino del de los frugívoros. Prueba de ello es la placenta, que en opinión del biólogo inglés Thomas Henry Huxley, era la mejor base para la clasificación de la especie. Las manos son prensiles como las de los simios y los roedores y, finalmente, la posición de la mandíbula y de la dentadura inferior es típica del hombre y los simios, además de los animales herbívoros en general.

¿Qué come un crudista?

Un crudista come mayoritariamente fruta, verdura, nueces y semillas. Una dieta equilibrada se compone por lo general de fruta, con un buen porcentaje de verduras (por su importancia destacan las de hojas verdes), y de una cantidad inferior de nueces y semillas. Los porcentajes son variables. Aquí tenemos un ejemplo de pirámide alimentaria crudista:

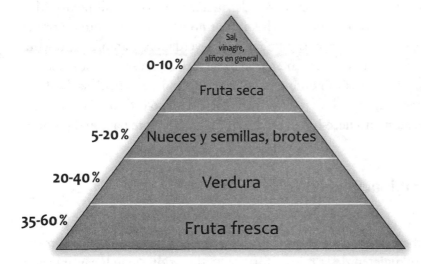

Muchas personas, al pasar de una dieta estándar a una crudista, viven un período de transición: comen mucha fruta seca o ponen abundantes aliños en sus ensaladas para no echar tanto de menos lo que consumían anteriormente. Es un buen método para cambiar poco a poco nuestra alimentación, probando recetas con alimentos más sanos y evitar las recaídas en las anteriores costumbres alimenticias.

En una primera fase es normal comer mucho, porque suele echarse de menos la sensación de saciedad que ofrece el alimento cocido. Con el tiempo también esta necesidad tiende a desaparecer.

Con frecuencia tenemos tendencia a comer demasiado porque nuestro cuerpo no asimila las sustancias nutritivas en el intestino. Si las vellosidades intestinales, a través de las cuales absorbemos las sustancias, quedan obstruidas por los productos de desecho de los alimentos desnaturalizados que no podemos aprovechar, nuestro organismo no se estará nutriendo de la forma adecuada: así, enviará señales para que comamos más, con el fin de recibir los nutrientes que necesita. Como resultado de todo ello iremos acumulando residuos y estaremos mal alimentados, incluso comiendo mucho.

Una dieta basada en los alimentos que debemos consumir según nuestra naturaleza genética permite una adecuada nutrición y gradualmente limpia los intestinos. El cuerpo empieza a absorber las sustancias nutritivas y el organismo pide menor cantidad de alimento. Muchas veces no comemos por hambre, sino por aburrimiento o porque dependemos de ciertos alimentos. La verdadera hambre representa una demanda de nutrientes por parte del organismo y nos debería empujar a consumir alimentos ricos en sustancias nutritivas, biológicamente apropiadas y con preferencia de un solo tipo a la vez, pues cada alimento necesita un medio químico diferente para su digestión.

Combinaciones de alimentos

La teoría de las asociaciones de alimentos es un modelo que elaboró Herbert Shelton a partir del presupuesto de que no todos los alimentos se digieren de la misma forma. La digestión tiene lugar gracias a sustancias específicas, denominadas *enzimas*, presentes en la boca, el estómago y el intestino, que escinden los alimentos en sus componentes básicos. En el organismo hay numerosas enzimas y cada una se encarga de una sustancia determinada. Cada enzima necesita condiciones específicas de acidez (pH) para poder actuar con la máxima eficacia; unas funcionan en un medio alcalino y otras en un medio ácido. La digestión de los alimentos amidáceos, por ejemplo, empieza en la boca, donde una masticación correcta posibilita la transformación del almidón en compuestos más simples, gracias a la ptialina. La digestión de los alimentos proteicos, en cambio, se produce con otras dinámicas y en un medio distinto.

Cuando ingerimos un alimento, debemos crear las condiciones ideales de acidez para que el medio sea el más adecuado para facilitar la actividad enzimática; si juntamos en la comida alimentos que tienen exigencias digestivas diferentes, cuando no opuestas, todo se complica: el resultado es una digestión más lenta y difícil acompañada por somnolencia, ardores de estómago, sensación de pesadez y de hinchazón.

Planear nuestra conducta alimentaria aplicando los principios de las combinaciones alimentarias se traduce, por tanto, en intentar asociar, durante las comidas, alimentos que necesitan condiciones digestivas parecidas, con el fin de facilitar al máximo el trabajo enzimático.

Según el doctor Shelton, las reglas son pocas y muy fáciles de recordar:

- No comer nunca almidones o proteínas con ácidos (fruta, vinagre y salsas ácidas).
- No ingerir nunca en la misma comida almidones y proteínas.
- No consumir nunca dos alimentos proteicos en la misma comida.
- No ingerir nunca al mismo tiempo grasas y proteínas.
- No ingerir nunca al mismo tiempo almidones y azúcares.
- Consumir sólo un almidón concentrado por comida.

Alimento	Asociación óptima	Asociación tolerable	Asociación que debe evitarse
Legumbres	Verduras y hortalizas sin almidón	Con cereales	otros alimentos proteicos y fruta
Cereales	Verduras y hortalizas	Otros alimentos proteicos y fruta dulce	Otra fruta y pan
Hortalizas y verduras	Todos menos la fruta no oleosa	—	Fruta no oleosa
Patatas	Hortalizas y verduras excepto las legumbres	—	Legumbres, fruta y dulces
Tomates	Verduras y alimentos proteicos	Carbohidratos	Fruta dulce

Alimentos ácidos y alimentos básicos

El pH es una forma de medir la acidez o la alcalinidad. Es el acrónimo de potencial hidrógeno y es, en palabras sencillas, también un medio para medir nuestro nivel de salud.

La escala del pH va de 0 a 14: 7 es el punto neutro, un valor entre 0 y 6 indica acidez, mientras que uno de entre 8 y 14, alcalinidad.

La sangre humana tiene un pH ligeramente alcalino, que oscila entre 7,35 y 7,45; el cuerpo humano está diseñado para que funcione bien cuando es ligeramente alcalino, y así habría que mantenerlo a cualquier precio.

Con un pH apenas superior a 7,45 o apenas inferior a 7,35 se manifiestan síntomas clínicos que pueden llegar –por encima de 7,80 y por debajo de 7,10– hasta el coma y la muerte.

El objetivo primordial del organismo consiste en mantener un pH compatible con la vida, incluso aunque suponga dañar a otros parámetros, órganos o aparatos. Esta prioridad reviste una importancia fundamental en la comprensión de la génesis de distintas patologías, entre ellas la artrosis y la osteoporosis.

Los niveles elevados de ácido pueden afectar al buen funcionamiento de nuestro organismo. La alimentación es un factor básico para que nuestro cuerpo conserve un estado alcalino. Si bien con frecuencia el estrés, la enfermedades o los pensamientos negativos pueden contribuir al incremento de nuestra acidez. Para que la sangre no pierda su estado alcalino, el organismo que se está acidificando intentará alcalinizarse por todos los medios: utilizando, por ejemplo, los minerales que tienen la capacidad de neutralizar los ácidos sobrantes, como el calcio, que se halla tanto en los huesos como en los dientes. Como consecuencia, puede manifestarse un fenómeno de descalcificación generalizada.

La acidosis es un estado peligroso de nuestro organismo: provoca cansancio, episodios inflamatorios en los tejidos, afectación de la mielina del sistema nervioso y aumento de los radicales libres. Además, acostumbra a infravalorarse a pesar de la gravedad de los trastornos a los que puede dar lugar.

Nuestro organismo se compone de unos 75 billones de células que vierten los residuos metabólicos que producen en los fluidos que las envuelven. Estos desechos son ácidos: necesitan un medio alcalino para ser eliminados y no acumularse envenenando a las células.

No siempre los alimentos que tienen un gusto ácido son acidificantes. Muchos alimentos que resultan ácidos en el test de pH pasan a ser alcalinizantes en el organismo. La fruta, por ejemplo, contiene ácidos débiles (cítrico, málico, tartárico) que en el transcurso de la digestión se oxidan convirtiéndose en compuestos alcalinizantes. Para combatir la acidosis hay que consumir sobre todo alimentos alcalinizantes.

¿Cuáles son los síntomas de un estado ácido del cuerpo?

Trastornos gástricos	Ardores de estómago, hiperacidez, dispepsia, gastritis, somnolencia después de las comidas
Trastornos cutáneos	Seborrea, hiperhidrosis, eczemas, micosis frecuentes, mucosas enrojecidas, uñas y pelo frágiles
Trastornos nerviosos	Irritabilidad, taquicardias, angustias, cefaleas y migrañas, agresividad, sueño intermitente

23

Trastornos osteoarticulares	Artrosis, osteoporosis, mialgias, calambres
Trastorno del aparato endocrino	Hipertiroidismo, diabetes, menstruaciones irregulares, esterilidad, candidiasis, hipocolesterolemia, gota, hiperuricemia
Otros trastornos	Deficiencias inmunitarias, caries, halitosis, períodontitis, varices, estreñimiento, sensación de frío, facilidad de inflamaciones oculares, molestias genitales

Los alimentos industriales, elaborados y refinados, y las proteínas animales acidifican el organismo.

Un vaso de cola tiene un pH de 2,8 debido al ácido fosfórico que contiene y, para neutralizarlo, se necesitan nada menos que 32 vasos de agua pura con un pH de 7,0.

Los alimentos acidificantes y los alcalinizantes se distribuyen de la siguiente manera.

Alimentos alcalinizantes

Fruta fresca madura, almendras, sésamo, fruta seca dulce, hortalizas y verduras, legumbres frescas y secas

Alimentos neutros

Aceites vegetales no hidrogenados, miel sin refinar, azúcar de caña moreno.

Alimentos acidificantes

Carnes de todos los animales (pescados incluidos), grasas animales, aceites hidrogenados, huevos, quesos, cereales de todas clases (sobre todo los refinados), azúcar blanquilla, alimentos conservados con aditivos químicos (tratados, blanqueados, refinados), bollería, bebidas con gas, café, edulcorantes artificiales, alcohol.

24

Una dieta para la salud

Numerosos estudios están demostrando la importancia de las dietas vegetarianas. Revelan que, para prevenir muchas formas de tumores, hay que consumir al menos cinco raciones de vegetales al día, crudos, para conservar el valor nutricional de estos alimentos.

Sus propiedades beneficiosas se deben, además de las vitaminas y los minerales, a un grupo de compuestos orgánicos exclusivos de los vegetales: los pigmentos antioxidantes.

Cinco raciones de fruta y hortalizas de colores, cada día, contribuyen a mantener nuestro bienestar. Vamos a ver de qué colores se trata.

Blanco

La fruta y las verduras del color blanco son extraordinarios aliados de nuestra salud. Reducen el riesgo de desarrollar tumores y patologías cardiovasculares, reforzando, asimismo, el tejido óseo y los pulmones.

El antioxidante típico del blanco es la quercetina.

Las frutas y hortalizas blancas son una fuente de bienestar por ser ricas en fibras, sales minerales como el potasio y vitaminas, en especial la vitamina C. También contienen isotiocianatos: los antioxidantes que previenen el envejecimiento celular.

Forman parte de este grupo las manzanas y las cebollas, unos alimentos ricos en flavonoides, poderosos antioxidantes, óptimos para protegernos de los tumores y beneficiosos para los pulmones (en particular los que se encuentran en las manzanas).

Los flavonoides presentes en las cebollas, por su parte, regulan el mecanismo de pérdida de calcio del tejido óseo.

El ajo, las cebollas y los puerros contienen aliína, que combate las patologías coronarias, haciendo que la sangre sea más fluida y esté menos expuesta a la formación de trombos; también ayuda a prevenir diversas formas de cáncer. El selenio, en las setas, previene la hipertensión, las anemias, distintas clases de tumores y el envejecimiento. En el grupo del blanco tenemos: ajo, coliflor, cebolla, hinojo, setas, manzana, pera, puerros, apio.

Amarillo-naranja

Los vegetales del grupo amarillo-naranja combaten el riesgo de desarrollar tumores y patologías cardiovasculares, potencian la vista y previenen el envejecimiento celular. El beta-caroteno es el elemento típico de este color; despliega una potente acción provitamínica y antioxidante y es precursor de la vitamina A, importante en el crecimiento, la reproducción y el mantenimiento de los tejidos, así como en la función inmunitaria y la visión. El beta-caroteno también protege de los efectos dañinos de los radicales libres, se absorbe con las grasas y, cuando se ingiere con alimentos, no presenta ningún peligro de excederse con la dosis, tal como puede ocurrir, en cambio, con el abuso de integradores. Para ejercer su protección frente a distintos tumores el amarillo-naranja emplea los flavonoides, que actúan básicamente a nivel gastrointestinal, inhibiendo la formación de radicales libres o capturándolos antes de que puedan dañar a otras moléculas.

En el grupo amarillo-naranja encontramos el pimiento, el limón y la naranja, ricos en vitamina C.

Además de su función antioxidante, contribuyen a la producción de colágeno. También ha sido probada científicamente la acción protectora de las antocianinas, elementos con propiedades antiinflamatorias, antitumorales y anticoagulantes que se hallan presentes en abundancia en las naranjas. Se hallan incluidos en el grupo amarillo-naranja: albaricoque, naranja, zanahoria, clementina, palosanto, limón, mandarina, melón, níspero, nectarina, pimiento, melocotón, pomelo, calabaza.

Verde

El color verde se debe a la presencia de clorofila, que tiene una poderosa acción antioxidante para nuestro organismo. El carotenoide, otro componente de los alimentos verdes, ayuda a nuestro cuerpo a prevenir muchas clases de tumores y a protegerlo de las enfermedades coronarias. El carotenoide es responsable de la vista y del desarrollo de las células epiteliales y retrasa el envejecimiento. En el verde también hay magnesio, un mineral que tiene propiedades para la metabolización de carbohidratos y proteínas; también regula la presión sanguínea y la transmisión de los impulsos nerviosos. El magnesio es de gran ayuda para el mantenimiento de nuestro bienestar al estimular la absorción de calcio, fósforo, sodio y potasio. Las hortalizas de hoja verde constituyen una gran fuente de ácido fólico y de folatos, que ayudan a prevenir la arteriosclerosis y, durante el embarazo, reducen el riesgo de un cierre incompleto del canal vertebral en los recién nacidos. Hay mucha vitamina C en las hortalizas y frutas de este color, como brócoli, perejil, espinacas y kiwis. La vitamina C facilita la absorción del hierro presente en fruta y verdura y es un excelente antioxidante, ya que protege del envejecimiento precoz y de los radicales libres asociados a la aparición de enfermedades cardiovasculares y neurológicas y a los tumores. Forman parte del grupo verde: espárragos, albahaca, acelgas, brócoli, alcachofa, col, repollo, berzas, pepino, achicoria, endivias, kiwi, lechuga, perejil, espinacas, uva, rúcula, calabacín.

Rojo

El grupo de los alimentos rojos tiene la capacidad de reducir el riesgo de desarrollar tumores y patologías cardiovasculares y proteger el tejido epitelial.

Es un color dotado de una potente acción antioxidante por la presencia de dos elementos: el licopeno y las antocianinas.

El licopeno combate los cánceres de mama y de ovarios en las mujeres y de próstata en los hombres. Se halla presente en gran cantidad en tomates y sandías. Las antocianinas, contenidas en la naranja sanguina, son un aliado útil en el tratamiento de las patologías vasculares, la fragilidad capilar, la prevención de la aterosclerosis provocada por niveles de colesterol altos, la inhibición de la agregación plaquetaria y la potenciación de la función visual. Fresas y cerezas son ricas en carotenoides, ideales contra los tumores, las patologías cardiovasculares, incluido el ictus, las cataratas, el envejecimiento celular, las patologías neurodegenerativas y el envejecimiento cutáneo.

En el rojo también hay vitamina C, que se halla en grandes cantidades en fresas y naranjas sanguinas, y estimula la producción de colágeno y defensas y la cicatrización de las heridas; además mantiene sanos los vasos sanguíneos e incrementa la absorción del hierro contenido en los vegetales. Pertenecen al grupo del rojo: sandía, naranja sanguina, remolacha, cereza, fresa, tomate, rabanito.

Azul-morado

También el azul-morado es un color enemigo de los tumores y patologías cardiovasculares y amigo de la vista, de los capilares sanguíneos y de una correcta función urinaria. Las antocianinas, elementos que cuentan con un poder antioxidante, combaten las patologías de la circulación sanguínea y de la fragilidad capilar, y previenen la aterosclerosis provocada por altos niveles de colesterol, además de inhibir la agregación plaquetaria.

Entre los productos del grupo azul-morado, la grosella y la achicoria son excelentes antioxidantes por su elevado contenido en vitamina C, y son protagonistas en la formación de carnitina y colágeno. Las frutas del bosque evitan la fragilidad de los capilares y previenen las infecciones del tracto urinario. En el azul-morado hay alimentos ricos en fibra y carotenoides activos contra tumores, patologías cardiovasculares, incluidos el ictus, las cataratas, el envejecimiento celular, las patologías neurodegenerativas y el envejecimiento cutáneo.

La achicoria contiene beta-caroteno, importante para el crecimiento, la reproducción y la conservación de los tejidos, para la función inmunitaria y el mecanismo de la visión. Además, la achicoria, igual que los higos, la grosella, las moras y las ciruelas, contiene potasio, capaz de proteger el tejido óseo y reducir el riesgo de patologías cardiovasculares e hipertensión. Entre las hortalizas de este grupo, las berenjenas son ricas en magnesio y pobres en calorías.

Las frutas del bosque van de la mano de un intestino sano gracias a sus fibras solubles, que regulan la absorción de los demás nutrientes, al alimentar a la flora microbiana intestinal. En el azul-morado se encuentran: higos, frutas del bosque, berenjenas, ciruelas, achicoria, uva negra.

Cómo pasar al crudismo

No hay reglas para pasar a un estilo de vida crudista. Se puede empezar introduciendo una mayor cantidad de alimentos crudos en nuestra alimentación, o bien eliminando de nuestra cocina todo lo inapropiado: productos envasados, en lata, industriales, precocinados, etcétera.

Lo más importante, sin embargo, es recordar en todo momento que el crudismo, como estilo de vida, concede muchas libertades: sin tener en cuenta las calorías, permite, o incluso recomienda, comer en abundancia, sobre todo, al empezar el régimen, ya que es adecuado dar a nuestro organismo el tiempo suficiente para que se adapte a alimentos menos concentrados y que podrían dejarnos con sensación de hambre. De modo que podremos comer cada vez que tengamos apetito o el típico gusanillo; con el paso del tiempo nos acostumbraremos a comer menos, sintiéndonos siempre satisfechos.

Más tarde tal vez echemos de menos algo más sustancioso o diferente: en estos casos ayudará preparar platos crudistas más elaborados.

Muchas de las recetas que se presentan en este libro son de ejecución bastante simple, para facilitar el acercamiento a la no-cocción de los alimentos. La intención es ofrecer nuevas ideas y técnicas de preparación para realizar platos básicos que puedan degustarse a diario. Uno de los aspectos más agradables del crudismo es el retorno a un estilo de vida más sencillo y natural.

Desintoxicarse

La primera fase es la desintoxicación: eliminar las toxinas acumuladas en el organismo durante años de mala alimentación. Este proceso sólo puede activarse cuando empezamos a producir menos toxinas, dando la oportunidad a nuestro organismo de eliminar viejos residuos.

Los desechos acumulados pasan a la sangre para que sean eliminados, lo que origina dolores de cabeza, resfriados, mareos, erupciones cutáneas, cansancio, irritabilidad y la agudización temporal de antiguos dolores y trastornos. Estos síntomas siempre desaparecen al cabo de pocos días.

Es lo mismo que hacer una limpieza a fondo de nuestras viviendas; la casa parece más sucia y desordenada cuando movemos los muebles para limpiar y descubrimos zonas mucho más sucias de lo que nos esperábamos, pero poco a poco conseguiremos una vivienda muy limpia.

Tal como ocurre en este proceso, que a veces resulta desalentador, también nuestra limpieza interior puede resultar en un primer momento desmoralizadora; sin embargo, es de ayuda saber lo que ocurre en nuestro interior. Con paciencia y determinación alcanzaremos mayor bienestar y salud.

Si hemos tenido una alimentación equivocada durante veinte, treinta o cuarenta años no podemos pretender recuperar la forma en un par de días. La aparición de los síntomas descritos antes no nos debe asustar. Es fundamental no interrumpir el proceso de limpieza interior y es recomendable no tomar medicamentos de ninguna clase para eliminar los síntomas.

La desintoxicación es una fase necesaria; es útil vivir positivamente incluso con algunas sensaciones de malestar pensando que pronto vamos a encontrarnos mejor que antes.

Intentar suprimir los síntomas con fármacos se asemeja a resolver el problema de un incendio apagando la alarma y no las llamas que están avanzando.

El ayuno

El ayuno es la práctica ideal para desintoxicarse, excelente antes de pasar al crudismo y que también es útil repetir más adelante para volver a depurar el organismo.

El ayuno voluntario es una práctica muy antigua; tiene un principio, un final y un objetivo concreto: si se lleva a cabo de la forma correcta siempre tiene resultados positivos.

El ayuno es de ayuda en los procesos de sanación –los animales cuando se encuentran mal se abstienen de comer–, ralentiza el envejecimiento psicofísico y despierta las facultades intelectuales.

Hay diferentes modalidades de ayuno: desde la parcial (unas horas) a la completa, que puede durar incluso muchos días.

Para un simple ayuno desintoxicante de dos o tres días, deberíamos empezar por la noche, para no fatigar demasiado al intestino, con una comida sobria o de sólo fruta. Durante la pausa digestiva es adecuado, por regla general, beber por lo menos dos litros de agua o de zumos de fruta o de verduras al día, así como eliminar completamente el té, el café, las bebidas alcohólicas, los fármacos y el tabaco.

Es importante cuidar la higiene corporal con baños y enjuagues bucales frecuentes. En efecto, al aumentar la sudoración, el olor corporal, así como el aliento, pueden verse afectados negativamente: cuando esto ocurre significa que se está llevando a cabo la depuración de toxinas.

Después de un ayuno de dos o tres días es desaconsejable volver inmediatamente a los alimentos sólidos. Estomago e intestino, hígado y páncreas deben acostumbrarse de nuevo, gradualmente, al trabajo de la digestión. Cabe, por tanto, prever, durante uno o dos días, una fase de readaptación con zumos de fruta y verduras y, a continuación, una dieta preferiblemente a base de fruta y verdura crudas bien masticadas.

Crudismo en casa

El crudismo representa una de las opciones más saludables tanto para nuestro bienestar como para el planeta. La fruta y las verduras crudas son ricas en vitaminas, minerales, enzimas y nutrientes; para ser crudistas es suficiente alimentarse con fruta y verdura en su estado natural, sin ninguna clase de preparación: ello implica menos despilfarro de recursos respecto al proceso de cocción y transformación industrial de los alimentos. Sin embargo, no es necesario llegar a estos niveles de frugalidad, que de todos modos es muy útil y cómoda cuando se está de viaje, o cuando no se dispone de tiempo y espacio. Muchas personas, al principio, podrían encontrar poco atractiva la perspectiva de comer ensaladas toda la vida, pero el crudismo no consiste necesariamente en eso. En realidad es posible preparar platos no cocidos y muy apetecibles, facilitando el paso a una dieta sin utilización del fuego o ayudando a introducir más alimentos crudos.

Preparar recetas crudas y divertidas no necesita instrumentos o electrodomésticos especiales; con una pequeña inversión y ganas de experimentar pueden prepararse comidas extraordinarias que compensarán de manera eficaz cualquier deseo de recetas tradicionales. Y no es en absoluto necesario volver a equipar toda la cocina: ¡recordemos que crudismo significa en primer lugar sencillez!

La mayoría de cocinas ya disponen de casi todo lo necesario para la opción crudista: envases, cuchillos, pelaverduras, pero hay algunas herramientas que pueden facilitar todavía más este estilo de vida.

Aquí tenemos una lista:

Electrodomésticos

Robot de cocina
Puede agilizar muchísimo la preparación de una comida, sobre todo si cuenta con una amplia serie de cuchillas para rallar, picar o moler.

Batidora
Es más eficaz que el robot de cocina en la elaboración de batidos perfectos y suaves, así como de salsas para aliñar las ensaladas.

Licuadora
Si se quieren preparar zumos de fruta y verdura es importante elegir una licuadora cuya limpieza resulte sencilla, siendo ésta la única ca-

racterística determinante para no abandonar el placer de saborear un buen zumo después del primer intento.

Secadora

La secadora representa el «horno» del crudista. Se trata de un aparato capaz de secar fruta y verdura sin superar la temperatura de 40 ºC, límite por encima del cual un alimento empieza a cocerse. La secadora hace que se evapore una parte del agua de los alimentos; es muy útil para concentrar algunos preparados, dándoles una consistencia más sólida o crujiente, como en el caso de las albóndigas o las galletas dulces o saladas. Sin ser algo esencial, una secadora permite elaborar un abanico más variado de platos, algo muy útil sobre todo cuando se empieza el cambio de alimentación.

Molinillo de café

Un molinillo de café puede servir para moler frutos y semillas oleosas; se trata de un pequeño electrodoméstico muy barato.

Enseres

- Cuchillos: un cuchillo que no corta hace perder muy pronto las ganas de preparar cualquier plato, por tanto, es importante disponer de hojas de buena calidad. Sin tener que gastar grandes cifras es importante invertir en un buen cuchillo, teniendo en cuenta que será una herramienta que durará muchos años.
- Pelador de patatas
- Tabla para picar
- Centrifugadora para ensaladas
- Cepillo para verduras
- Exprimidor de cítricos
- Vaciador para melón y sandía
- Decorador de limones
- Jarra con filtro de agua
- Rallador de verduras
- Germinador
- Molinillo de pimienta
- Prensa de ajos
- Colador
- Medialuna
- Papel de horno

Una buena batidora representa la inversión más útil; muchos otros utensilios, también útiles, no son indispensables ni insustituibles, por ejemplo, las semillas también pueden hacerse germinar sin un germinador (*véase* más adelante), así como un secador puede reemplazarse por un horno entreabierto a 40 °C ¡o incluso por un radiador!

La despensa del crudista

Fruta, verdura, germinados nueces y semillas, todos ellos crudos y biológicos, son la base de la cocina crudista.

Es importante comprobar que las nueces y las semillas no sean tostadas y que no lleven sal añadida y que, de ser posible, no tengan más de un año; junto con la fruta oleosa y las semillas, también la fruta seca desempeña un papel importante. Estos ingredientes básicos siempre pueden guardarse en casa para elaborar tentempiés rápidos y sabrosos; además, tienen la ventaja de que no se estropean y se pueden llevar a todas partes.

A continuación ofrecemos una lista no exhaustiva de los alimentos que se encuentran en la cocina de un crudista. Es una relación que puede variar según los gustos de cada persona, la estación o el presupuesto. Alimentos como tomates o pimientos se incluyen en la lista de verduras, aunque desde el punto de vista botánico sean frutos.

En la nevera

Verdura: verduras más o menos conocidas que pueden comerse crudas.	Fruta: fruta fresca y seca de temporada, pero también fruta biológica si se dispone de ella.
Lechugas	Plátanos
Achicorias	Piñas
Aguacates	Mangos
Zanahorias	Cítricos
Pepinos	Peras
Apio	Manzanas
Setas	Mapaya
Germinados varios	Uva
Espinacas	Ciruelas

Verdura: verduras más o menos conocidas que pueden comerse crudas.	Fruta: fruta fresca y seca de temporada, pero también fruta biológica si se dispone de ella.
Cebollas	Sandías
Ajo	Melones
Escalonias	Kiwis
Rabanitos	Granadas
Repollos y coles	Dátiles
Brócolis y coliflor	Pasas
Espárragos	Tomates
Alcalchofas	Pepinos
Calabaza	Aceitunas
Pimientos	Guisantes
Hinojos	

En el congelador

Fruta congelada: una reserva de plátanos congelados y fruta del bosque para los antojos de helado.

En la despensa

Semillas oleosas	Semillas para germinados	Varios
Nueces	Leguminosas (lentejas, soja roja y verde, garbanzos...)	mantequilla de almendra o tahini.
Almendras	Cereales con cáscara (trigo, alforfón, centeno...)	Cacao o algarroba en polvo
Avellanas	Alfalfa	Tamari
Anacardos	Berros	Hoja de alga nori
Nueces de Brasil		Tomates secos
Pipas de girasol		Algas
Sésamo		
Lino		
Piñones		

Aderezos

Especias

Las especias y las hierbas aromáticas enriquecen cualquier plato con gusto y preciados elementos nutritivos.

La que se ofrece a continuación podría ser una lista básica de hierbas y especias que puede completarse al gusto de cada persona:

Pimienta negra	Pimentón
Chiles	Jengibre
Comino	Canela
Curry	Salvia
Romero	Tomillo
Mejorana	Vainilla

Aceite

El mejor aceite es el prensado en frío, con independencia de si es de oliva, de maíz, de lino o de otra clase, dependiendo de nuestros gustos personales. Sea cual fuere el aceite elegido, siempre deberá conservarse en una botella no transparente al resguardo de la luz, que puede afectar a su calidad.

El aceite virgen extra de oliva

El aceite de oliva posee unas cualidades extraordinarias que varían según la zona de producción. Contiene caroteno, tocoferoles, fosfolípidos y sustancias como ácidos grasos y proteínas. Se digiere y asimila fácilmente y también ayuda a la digestión de otros alimentos. Se aconseja consumirlo crudo. El aceite de oliva virgen extra es un alimento básico en la dieta de los niños por su alto contenido en ácido oleico; también está muy indicado en la dieta de los deportistas porque es una fuente de energía rápidamente disponible, y es esencial en la tercera edad porque reduce la pérdida de calcio en los huesos. Contiene abundantes grasas de origen vegetal muy importantes para proporcionar energía y salud a nuestro organismo. Los aromas que se hallan presentes en el aceite imprimen un sabor delicioso a los alimentos. El aceite de oliva virgen extra, gracias a su alto contenido en ácido oleico, protege el corazón y las arterias, ralentiza el envejecimiento cerebral y previene la arteriosclerosis. Reduce asimismo, el nivel de colesterol LCL (colesterol «malo»), mientras incrementa el de HDL («bueno»). Su porcentaje de ácidos grasos es muy parecido al de la leche materna, alimento perfecto, bajo cualquier punto de vista.

El aceite de oliva se compone, en su práctica totalidad, de triglicéridos (98-99,5 %), con una presencia media de ácidos grasos saturados (un 16% aproximadamente, siendo el predominante el palmítico), ácidos grasos monoinsaturados (cerca del 75 %, con un claro predominio del ácido oleico) y ácidos poliinsaturados (aprox. el 9 %, con predominio del ácido linoleico y cantidades reducidas de linoleico). Junto con estos componentes principales, el aceite de oliva contiene otros compuestos que constituyen la fracción del insaponificable que, si bien presentes en cantidades mínimas (0,5-2,0 %), influyen de forma determinante en la calidad comercial, nutricional y organoléptica (esteroles, alcoholes alifáticos y triterpénicos, polifenoles, tocoferoles, componentes del aroma, etcétera.).

De acuerdo con las legislaciones vigentes, los aceites de oliva comercializados, dependiendo de los modos de producción y de determinadas características químicas, entre las que destaca la acidez libre (expresada en gramos de ácido oleico por 100 gramos de aceite), se clasifican en las siguientes categorías comerciales:

aceite de oliva virgen extra: extraído por simple prensado de las aceitunas y con una acidez máxima de 0,8 %. Es el producto de mejor calidad;
aceite de oliva virgen: también se obtiene por simple prensado de las olivas, pero con una acidez máxima del 2 %;
aceite de oliva: con acidez no superior al 1,5 %, se obtiene mezclando «aceite de oliva refinado» y aceites vírgenes (virgen extra, virgen, virgen corriente);
aceite de sansa de oliva: es el producto de la mezcla de «aceite de sansa» refinado y de aceites vírgenes. Su acidez tampoco supera el 1,5 %.

Además de los anteriores hay otros aceites, no aptos para su consumo directo.

Vinagre

La mayoría de vinagres que se encuentran en el mercado se han pasteurizado y no pueden, por tanto, considerarse crudos. Los vinagres balsámicos, por su parte, a menudo llevan azúcares y aromas añadidos. La mejor opción es el vinagre de manzana no pasteurizado, rico en ácido málico y en bacterias beneficiosas que ayudan a la digestión.

Sal

La sal de mejor calidad es la marina integral secada al sol, ligeramente gris y húmeda al tacto, que contiene más de 80 minerales, en lugar de la refinada, que es cloruro de sodio puro.

El secado

Para quien come crudo puede resultar agradable variar de vez en cuando la alimentación introduciendo alimentos secados. Esta práctica resulta útil sobre todo en invierno, cuando se reduce la disponibilidad de frutas y verduras y sentimos la necesidad de ingerir más calorías.

A menudo la fruta seca, que debería ser biológica, puesto que los productos convencionales se tratan con azufre, es bastante cara y los métodos de secado pueden ser poco respetuosos hacia las calidades nutricionales originales. Quien disponga de un secadero puede aprovisionarse en verano y otoño de cara al invierno y secar todos los manjares que ofrecen la primavera y el verano.

Si el secado se realiza a baja temperatura, sin superar en ningún momento los 40 °C, las vitaminas y otras sustancias nutritivas no resultan dañadas, los alimentos se conservan durante mucho tiempo y representan la solución ideal para viajes y excursiones, al caber en poco espacio, tener poco peso y proporcionar mucha energía.

El secado consiste simplemente en eliminar la humedad de los alimentos: las bacterias saprógenas —responsables de la descomposición— se quedan sin nutrientes; durante el proceso de secado es importante no superar los 40 °C, asegurar una buena circulación del aire y evitar la contaminación por insectos y polvo. De esta forma los productos se conservan durante años.

También podemos secar cerca del horno o de una estufa; sin embargo, lo ideal es utilizar el calor del sol durante los días de verano, algo posible para quienes viven en zonas cálidas y secas.

Sugerencias para el secado

Hay que preparar la fruta y la verdura antes de llevar a cabo el secado: se lavan y cortan en rodajas o en dados.

A menudo la fruta se oscurece durante el proceso pero podemos solucionar este inconveniente sumergiendo previamente las rodajas de fruta en zumo de limón.

El producto final, una vez secado, también puede molerse y conservarse en un recipiente cerrado herméticamente al resguardo de la luz.

Un secadero hecho en casa

Las personas a las que les gusta las manualidades pueden realizar su propio secadero. Un secadero, al fin y al cabo, no es más que una caja ventilada y caliente, que se puede construir con tablas de madera, con al menos tres niveles, aprovechando tal vez una vieja nevera, con un par de lámparas en el fondo para que proporcionen el calor necesario. Un termómetro, ubicado en el interior, nos permitirá controlar la temperatura. La estación y las temperaturas influyen en el proceso: una bombilla de 40 W será suficiente en verano, y una de 60 a 100 W en invierno. Una ventilación adecuada se obtiene realizando unos orificios de 2,5 cm de diámetro, dos de ellos en la tabla superior y dos en cada lado, con un total de seis orificios, cubiertos por un trozo de tela de tipo mosquitera, para mantener alejados a los insectos.

Un ejemplo de secadero casero podría ser el siguiente:

Dimensiones exteriores finales

Altura 43 cm, anchura 33 cm, profundidad 45 cm (las parrillas que constituyen las repisas miden 31,5 cm de ancho)

Material necesario para la estructura básica
- 2 tablas de madera de 33 x 45 cm para el fondo y la tapa
- 2 tablas de madera de 33 x 43 cm para la pared frontal y la parte trasera
- 2 tablas de madera de 45 x 43 para los lados
- Cable eléctrico con interruptor y toma de corriente para conectar las bombillas
- 2 portalámparas donde montar las bombillas

Material necesario para la construcción de las repisas
- Varillas de madera de 1,5 cm de grosor:
  - 6 piezas de 44 cm de longitud para el soporte de las repisas extraíbles
  - 4 piezas de 44 cm de longitud para reforzar la estructura, montadas en diagonal en los lados y la tapa
- Trozos de mosquitera para tapar los orificios
- Cinta adhesiva fuerte para fijar la mosquitera
- Cola
- Un destornillador pequeño
- 2 bisagras pequeñas
- Cierre para el panel frontal
- Barniz natural ecológico para conservar la madera o bien aceite de semillas de lino biológico

La ventaja de un electrodoméstico hecho en casa es que, en caso de rotura, cada pieza puede repararse o sustituirse de forma fácil y barata.

Rehidratar y germinar

Cuando una semilla seca entra en contacto con el agua durante un tiempo se pone en marcha un proceso de activación de las enzimas.

Para que ello ocurra es necesario que la materia prima aún esté viva y que no sea demasiado vieja. El proceso desactiva algunas toxinas que pueden afectar a la digestión: las legumbres, por ejemplo, se hacen digeribles y muy ricas en nutrientes sólo después de la aparición del germen.

Un alimento hidratado es más digerible para el organismo, mientras que uno seco necesita agua para ser digerido.

Rehidratar

La fruta y las semillas oleosas, incluso sin germinar, resultan más digeribles si se rehidratan, ya que este proceso modifica su consistencia y logra una mayor cremosidad cuando se baten.

También la fruta seca dulce da mejor resultado en la batidora después de su rehidratación.

Para las semillas oleosas sólo se necesitan 7 u 8 horas en remojo en agua; para la fruta seca dulce son suficientes 4 o 5 horas en un recipiente de cristal y cubierta de agua. Antes de consumir es aconsejable enjuagarlo todo bien y no utilizar el agua del remojo.

Germinar

Preparar los germinados es muy sencillo y barato: este proceso permite conseguir un alimento fresco muy rico en enzimas, aminoácidos, vitaminas y minerales que se puede añadir a ensaladas, albóndigas y patés.

Pueden hacerse germinar semillas de cereales, legumbres y otras especies vegetales que se comercializan para este uso específico y que se aprovechan en su totalidad, tanto el grano como el brote.

Hay que evitar las semillas de solanáceas (patatas, tomates) porque contienen sustancias tóxicas.

Es preferible utilizar semillas de cultivo biológico obtenidas sin la ayuda de abonos químicos de síntesis, herbicidas, insecticidas y otros venenos.

Esta extraordinaria capacidad de la naturaleza de producir energía puede ser aprovechada por el consumidor para conseguir a bajo coste alimentos frescos y ricos en nutrientes.

Nuestro organismo no es apto para asimilar los cereales crudos, al contrario que algunos animales como muchas aves. Nosotros no tenemos capacidad para digerir estos alimentos, del mismo modo que tampoco somos capaces de digerir legumbres crudas. Tenemos que cocerlas para que resulten comestibles y asimilables, ya que el calor transforma los almidones en carbohidratos más sencillos y las proteínas en fragmentos más solubles.

Con el calor, desaparece la «vida» que se encuentra en la semilla en estado durmiente: una semilla después de la cocción ya no puede germinar.

Con la germinación podemos comer crudos también los cereales y las legumbres: cada semilla contendrá una importante energía vital, biológica y electromagnética.

Esta energía potencial, a través del proceso de germinado, se libera y transforma en energía efectiva representada por el brote, el alimento más vivo que podamos imaginar.

El proceso de germinado y revitalización del germen de la semilla (embrión) empieza después del remojo; durante esta fase se modifica profundamente la composición bioquímica y estructural del grano: unas complejas reacciones enzimáticas transforman los almidones, es decir, las sustancias de reserva de la semilla, en azúcares simples, como dextrinas y maltosa, que confieren al brote un sabor dulce característico y suave.

En lo que respecta a la parte proteica del grano, las enzimas activadas por el proceso descomponen las proteínas en aminoácidos, de digestión y asimilación más fácil y rápida. Las sales minerales y los oligoelementos aumentan y, al encontrarse en forma orgánica, son asimilados y utilizados fácilmente por el organismo: un ejemplo es el hierro, que bajo forma inorgánica puede originar trastornos gastrointestinales. Las vitaminas aumentan de manera considerable: del 50 al 100 %, y a veces incluso más.

Preparación

No es indispensable utilizar un germinador: el método más sencillo consiste en rehidratar las semillas sumergiéndolas en abundante agua durante unas 12 horas en un recipiente de cristal; a continuación, se escurren y se vuelven a colocar en el recipiente, húmedas pero no excesivamente empapadas. Hay que enjuagar las semillas en un colador cada día, hasta que el brote haya crecido medio centímetro. Es preferible exponerlos a la luz indirecta durante 6 o 7 horas para que se enriquezcan con la preciada clorofila.

Si no podemos consumirlos en poco tiempo podemos conservarlos en la nevera para ralentizar el proceso de crecimiento; es aconsejable utilizar cantidades de semillas no demasiado abundantes para disponer en todo momento de un producto fresco, vital y de rendimiento óptimo.

La tabla que presentamos a continuación ofrece indicaciones útiles sobre los tipos de semillas y las modalidades de germinado.

Variedad	Tiempos de germinado (días)	Cantidades (colocar de manera indicativa en un plato)
Alfalfa	3-4	1-2 cucharas
Garbanzos	1-2	1 taza
Judías azuki (soja roja)	2-3	1 taza
Trigo	3-5	1 taza
Lentejas	1-3	1 taza
Mijo	3-5	1 taza
Cebada	3-5	1 taza
Rabanitos	2-4	2 cucharas
Arroz	3-5	1 taza
Semillas de girasol	1-2	1 taza
Sésamo	2-3	2 cucharas
Soja amarilla	2-4	1 taza
Soja verde	2-3	1 taza

Planificar la dieta

Pasar a una alimentación totalmente cruda puede ser muy sencillo o parecer complicado, dependiendo de nuestras costumbres alimentarias actuales. Quienes ya hayan eliminado de su dieta los productos de origen animal advertirán el cambio de forma menos radical. Quienes se alimenten de una forma desordenada y con mucha comida basura encontrarán más sencillo proceder por pasos.

En este capítulo proponemos tres planes alimentarios, correspondientes a tres niveles distintos –principiantes, intermedios, avanzados– para la realización de un recorrido progresivo hacia una alimentación sana y sin traumas, abordando la inevitable desintoxicación de forma gradual.

Recomendamos permanecer en el mismo nivel hasta que nos sintamos preparados para el paso siguiente, o bien hasta que las nuevas costumbres alimentarias adquiridas hayan entrado a formar parte de manera natural de nuestro día a día. Lo importante es no dejar de avanzar, sin forzarnos, para evitar reacciones de rechazo; ¡a menos que no seamos muy valientes y no estemos dispuestos a lanzarnos con determinación en esta aventura!

Nuestro cuerpo es en realidad nuestro templo y vale la pena cualquier esfuerzo.

Principiantes

El apartado «principiantes» está pensado para aquellos que llevan una alimentación rica en alimentos refinados, productos animales, alimentos industriales y que, en general, están poco familiarizados con la fruta y la verdura. En estos casos es especialmente aconsejable proceder por etapas, puesto que con toda seguridad sus organismos estarán bastante intoxicados y sus paladares condicionados por sabores fuertes y artificiales. En este caso es difícil apreciar el sabor delicado de los vegetales hasta que no se haya producido una desintoxicación al menos parcial. De todas formas es previsible una reacción al proceso, que procuraremos suavizar avanzando de forma gradual.

Esta primera fase no tiene una duración previamente determinada, puesto que cada uno de nosotros tiene distintos ritmos de adaptación a los cambios alimentarios. Estas diferencias individuales no son tanto físicas como psicológicas: hay personas que necesitan más tiempo que otras para aceptar los cambios.

Por tanto, nuestro consejo es que apliquen las reglas que se sugieren a continuación y que pasen al nivel siguiente cuando se sientan cómodas y preparadas para un nuevo reto.

- **Regla n.º 1:** hay que consumir al menos una tercera parte de los alimentos diarios en estado crudo. Ello implica introducir aproximadamente una ración de alimentos vivos en al menos una de las tres comidas principales.
  Ejemplo: reducir la cantidad de lo que solemos comer en el desayuno e introducir un par de frutas o un cuenco de macedonia; o BIEN acompañar el almuerzo o la cena con una ensalada mixta cruda como entrante; o BIEN sustituir los tentempiés de cada día con toda la fruta fresca que queramos. Se pueden probar nuevas verduras crudas en la ensalada, para descubrir nuevos gustos y nuevas posibilidades y acostumbrar el paladar a sabores distintos.

- **Regla n.º 2:** eliminar el azúcar refinado de la dieta, tanto el que se añade al café como a otras bebidas, como el que se oculta en los alimentos industriales. Hay que aprender a leer con atención las etiquetas de lo que compramos: ¡descubriremos que el azúcar se esconde en todas partes! Por supuesto, habrá que eliminar también los edulcorantes, al igual que todos los productos dietéticos que contengan estos peligrosos aditivos. El edulcorante ideal es la estevia. Como alternativa para endulzar podemos utilizar la malta de cereales.

- **Regla nº. 3:** eliminar de nuestra alimentación carne, pescado y sus derivados. Probar nuevos platos, utilizando también productos como el tofu o el seitán como alternativa a las proteínas, dando, siempre que sea posible, preferencia a las legumbres.

- **Regla n.º 4:** ingerir al menos un puñado de nueces o semillas a diario: nueces, almendras, avellanas, semillas de calabaza, de sésamo, de lino… Pero no tienen que estar ni tostadas ni saladas, sino al natural. Nueces y semillas son ricas en ácidos grasos esenciales, fundamentales para los tejidos nerviosos y la salud de las membranas celulares.

- **Regla n.º 5:** ¡beber más agua! En esta fase de cambio de alimentación es importante beber mucha agua para acompañar el proceso de desintoxicación. El agua constituye el 70 % de nuestro cuerpo y desempeña un papel fundamental en muchísimos procesos metabólicos. Hay que beber al menos dos litros de agua natural cada día, o incluso más. El agua ayuda a eliminar las toxinas acumuladas que se están movilizando gracias a la nueva alimentación, y reduce algunos síntomas provocados por la desintoxicación como erupciones cutáneas, fatiga, dolor de cabeza. Sugerimos añadir al agua zumo de limón fresco, ya que facilita el proceso depurativo.

Más sugerencias

- **Ejercicio:** Junto con el cambio de alimentación resulta útil implementar progresivamente otras buenas costumbres en nuestro estilo de vida, para mejorar de forma sensible los niveles de energía y el bienestar general.

  Si no realizas actividad física, intenta dar un paseo al aire libre cada día, preferiblemente en zonas verdes alejadas del tráfico, para oxigenar el organismo y estimular tanto la circulación como el sistema linfático. Caminar es un excelente ejercicio cardiovascular no traumático para las articulaciones, es agradable y activa todo el organismo, provocando también una pérdida constante de peso. Lo ideal es llegar gradualmente a andar al menos una hora diaria sin detenerse y a un ritmo sostenido.

- **Sueño:** el sueño es básico para nuestro organismo. Durante las horas de descanso se activan mecanismos de regeneración y reparación. Si en una primera fase el cambio de alimentación nos hace sentir fatigados, es aconsejable conceder al cuerpo el descanso que nos pide, sin oponerse a ello. Es la señal que indica que se acercan unos cambios y necesitamos descansar para desempeñar las tareas normales. Dormir suficiente es importante para facilitar la desintoxicación.

- **Pensamiento positivo:** cuando se introducen cambios en nuestro estilo de vida, podemos vivir el desánimo si no se logran enseguida resultados espectaculares, y renunciar volviendo a caer en las viejas costumbres. Procurar mantener una actitud positiva es importante, y ello puede conseguirse teniendo siempre presente lo que estamos haciendo y por qué. La recompensa final de este viaje es importante y ello hace que el camino emprendido resulte una experiencia que merece la pena vivir.

- **Limitar otras fuentes de toxicidad:** es obvio que una buena alimentación y un estilo de vida sano no bastan si después fumamos, bebemos bebidas alcohólicas y estimulantes, como té o café. Poco a poco es aconsejable reducir, hasta eliminar en lo posible, estos tóxicos que aceleran el envejecimiento.

Intermedios

Si tu estilo de vida ya incluye las reglas que se sugieren para los principiantes, o si eres un principiante que desea atreverse a un poco más, ¡bienvenido a la fase intermedia del programa de desintoxicación hacia una salud mejor!

- **Regla n.º 1:** consumir al menos la mitad de los alimentos diarios en estado crudo. Esto significa introducir aproximadamente dos raciones de alimentos vivos en la comida de cada día.

  Ejemplo: desayunar sólo fruta y empezar una de las dos comidas principales con una gran ensalada de verduras crudas, o BIEN sustituir los tentempiés por toda la fruta fresca que se desee y empezar al menos una de las dos comidas principales con una gran ensalada de hortalizas crudas.

- **Regla n.º 2:** eliminar de la alimentación la leche y los derivados lácteos, los huevos y todos los productos de origen animal. Como alternativa probar las leches vegetales, dando preferencia a la leche de almendras o de sésamo (*véase* sección de recetas).

- **Regla n.º 3:** limitar en lo posible los productos refinados derivados del trigo. Prueba otros cereales, si no puedes evitarlo, pero siempre limitando su empleo. Como fuente de carbohidratos complejos son preferibles las patatas al vapor, y como fuente de proteínas, las legumbres.

Otras sugerencias

- **Simplificar:** en esta fase sugerimos simplificar los métodos de cocción para los vegetales. Habría que eliminar los fritos, así como la cocción a la brasa, que favorece la aparición de elementos tóxicos en los alimentos. También hay que erradicar el microondas y privilegiar la cocción al vapor, o bien saltear las verduras en la sartén o en el wok sin empleo de aceite (utilizar agua o caldo vegetal).

- **Experimentar:** prueba alguna receta crudista. Lo ideal es encontrar 10 recetas que nos gusten, que podamos alternar y que constituirán una buena base para nuestra alimentación en la fase siguiente. De esta forma nos sentiremos más fuertes y seguros para enfrentarnos a titubeos que podrían hacernos recaer en las viejas costumbres; desazón y renuncia siempre están al acecho cuando decidimos cambiar de vida, sobre todo en períodos de estrés.

- **Masticar poco a poco:** cuando se incrementa la cantidad de vegetales, sobre todo si están crudos, con frecuencia advertimos pequeños trastornos, como hinchazón intestinal. Es algo completamente normal, puesto que nuestro organismo no está acostumbrado
a gestionar un aumento repentino de la cantidad de fibras; sin
embargo, al cabo de un tiempo, la situación mejorará. Un reme-
dio eficaz consiste en masticar mucho tiempo cada bocado, hasta
que se convierta en líquido y comer sin prisas. La digestión mejorará sensiblemente, puesto que la saliva lleva a cabo una digestión
previa de la comida ya en la boca, y se estimulará al estómago y
al páncreas, lo que incrementará las enzimas digestivas. Por otro
lado hay que evitar sobrecargar el estómago con comidas demasiado abundantes. Para lograr una digestión más eficiente hay que
consumir muchas pequeñas comidas, incluso cada dos horas, si el
estilo de vida lo permite.

Avanzados

Enhorabuena, ya estás listo para el reto principal: ¡superarlo proporcionará resultados sorprendentes en términos de bienestar y vitalidad!

Este nivel está especialmente indicado tanto para los aquejados
por problemas de salud como para los que hayan decidido alargar y
mejorar la calidad de sus vidas alcanzando el máximo nivel de bienestar.

- **Regla n.º 1:** en esta fase se recomienda que al menos el 80 % de la
alimentación proceda de comida viva y vital.
Ejemplo: el desayuno y los tentempiés siempre tendrían que con-
sistir en fruta fresca y seca, y las comidas principales tendrían que
contar, como plato principal, con una ensalada abundante, acompañada tal vez con menores cantidades de verduras cocidas, o bien
patatas al vapor, legumbres o cereales cocinados de manera simple
y en cantidades modestas.
Siempre que te apetezca también es aconsejable almorzar o cenar
sólo con fruta.

Más sugerencias

Comiendo crudo al 80 % lograrás unos resultados fantásticos: la salud mejorará muchísimo, perderás peso si lo necesitas y te desintoxicarás.

Comer crudo –entre el 80 y el 100 %– proporcionará unos resultados extraordinarios. Es muy posible que después de un período transitorio tengas la necesidad de aumentar la cantidad de alimentos crudos de forma del todo natural, después de que años y más años de toxinas acumuladas hayan desaparecido del organismo, junto con los dolores y molestias de todo tipo, como celulitis, acné, jaquecas, irritaciones e inflamaciones de las articulaciones, fatiga crónica, etcétera.

- **Reducir la ingesta de sal:** a medida que el paladar se va perfeccionando y recobra la capacidad de apreciar sabores más delicados y menos artificiales, aconsejamos reducir, hasta eliminarla del todo, la sal. La sal de cocina añadida a los platos o presente en los alimentos envasados no es beneficiosa para el organismo, al actuar en realidad como un veneno. Todos los seres vivos del planeta tienen una dieta rica en potasio de manera natural, con la excepción del hombre, cuya alimentación muestra un fuerte desequilibrio en la relación sodio/potasio, con porcentajes muy elevados del primero, que originan problemas como hipertensión, ictus, infarto o aumento de peso.

- **Seguir los ritmos corporales:** a pesar de que la televisión, periódicos y la escuela hayan insistido siempre en que el desayuno tiene que ser la comida más importante del día, hay que tener en cuenta que nuestro cuerpo reacciona de forma distinta a las sustancias ingeridas según las horas del día. La teoría de los ritmos circadianos, también reconocida por la ciencia oficial, aconseja tomar determinados fármacos en horas distintas del día.
  El universo tiene sus ritmos, al igual que la Tierra en la que vivimos: el día, la noche, las estaciones; todo es cíclico, comienza, acaba y luego se repite en una sucesión de acontecimientos.

Y el hombre también tiene sus ritmos:

- De las 12:00 a las 20:00 horas el organismo se encuentra en fase de **apropiación,** en la que la comida se digiere y asimila.

- Entre las 20:00 y las 4:00 horas tiene lugar la fase de **asimilación**, con la absorción y la utilización del alimento ingerido.

- Finalmente de las 4:00 a las 12:00 horas se produce la **eliminación** de los desechos y los restos de los alimentos.

Una comida excesiva por la mañana, o bien tarde por la noche, altera los ritmos biológicos del cuerpo: impide una eliminación eficiente de las toxinas acumuladas; interfiere en la fase de asimilación, facilitando aumentos de peso; así nos sentimos cansados y no más fuertes, como a menudo pensamos. No es ninguna casualidad que muchas personas instintivamente no tengan hambre por la mañana, y que, una vez nos hayamos acostumbrado a una alimentación más limpia, ya no nos apetezca tomar desayunos abundantes. En este caso habría que escuchar los mensajes que nos envía el cuerpo.

- Si tenemos hambre por la mañana, la fruta representa la opción perfecta, porque no interfiere en los procesos de eliminación; al contrario, aporta agua y fibras abundantes para facilitar la depuración.

- Hay que consumir los alimentos más ricos en la fase central del día, procurando cenar pronto y esperar al menos 3 horas antes de acostarse, evitando siempre comer después de las 20:00 horas.

- En definitiva, es importante respetar los tiempos del organismo, evitando debilitar y fatigar nuestro sistema inmunitario, y cuidar de nuestra alimentación…

Para simplificar lo dicho hasta el momento, ofrecemos a continuación el ejemplo de un día de alimentación crudista al 100% y un análisis detallado de los macro y micronutrientes que se ingieren en este esquema alimentario.

Esquema estándar de un día de final de verano (calorías totales: 2.144)	
Desayuno	Macedonia de melocotón, manzana y pera
Tentempié	Melón o sandía
Almuerzo	Ensalada mixta, guacamole y *crackers* de semillas de lino
Tentempié	Higos
Cena	Ensalada con germinados de lentejas, *tapenade* de aceitunas negras y tomates
Tentempié de tarde	Uva

Según los estándares de la RDA, con este ejemplo también obtenemos:

Macronutrientes	Cantidad
Grasas, de las que:	10 g
Saturadas	15 g
Poliinsaturadas	28 g
Monoinsaturadas	57 g
Proteínas	45 g
Fibra	80 g
Agua	2 l

Micronutrientes	Cantidad	% Recomendado (rda)
Vitamina A	716 mcg	106
Vitamina B6	4 mg	285
Vitamina C	578 mg	771
Vitamina E	19 mg	127
Cobre	4 mg	431
Hierro	18 mg	120
Magnesio	614 mg	192
Manganeso	6 mg	337

Micronutrientes	Cantidad	% Recomendado (rda)
Niacina	14 mg	100
Ácido pantoténico	7 mg	130
Fósforo	960 mg	137
Riboflavina	1 mg	128
Tiamina	1 mg	129
Zinc	8 mg	100

COMPOSICIÓN QUÍMICA Y VALOR ENERGÉTICO DE LOS ALIMENTOS POR CADA 100 G DE PARTE COMESTIBLE

Verdura

Alimentos	Parte comestible %	Agua, g	Proteínas g	Lípidos g	Carbohidratos g	Almidón g	Azúcares solubles g	Fibra total g	Energía Kcal	Sodio mg	Potasio mg	Hierro mg	Calcio mg	Fósforo mg	Tiamina mg	Riboflavina mg	Niacina mg	Vitamina A ret. eq. mcg	Vitamina C mg	Vitamina E mg
Ajo	75	80	0,9	0,6	8,4	0	8,4	3,1	41	3	600	1,5	14	63	0,14	0,02	1,30	5	5	-
Barrilla	97	92,3	1,8	0,2	2,2	0	2,2	2,3	17	-	-	1,2	131	34	0,03	0,19	0,80	392	24	-
Espárragos silvestres	57	89,3	4,6	0,2	4,0	0	4,0	-	35	5	198	1,1	25	90	0,13	0,43	1,50	155	23	-
Espárragos cultivados	87	91,4	3,6	0,2	3,3	0	3,3	2,0	29	-	-	1,2	25	77	0,21	0,29	1,00	82	18	-
Espárragos invernadero	52	92,0	3,0	0,1	3,0	0	3,0	2,1	24	-	-	1,0	24	65	0,27	0,25	0,90	13	24	-
Remolacha roja	82	91,3	1,1	Tr.	4,0	0	4,0	2,6	19	84	300	0,4	20	21	0,03	0,02	0,20	Tr.	7	-
Albahaca	100	92,3	3,1	0,8	5,1	Tr.	5,1	-	39	9	300	5,5	250	37	0,08	0,31	1,10	658	26	-
Acelgas	82	89,3	1,3	0,1	2,8	0	2,8	1,2	17	10	196	1,0	67	29	0,03	0,19	1,80	263	24	-
Repollos	60	91,4	2,9	0,3	2,0	0	2,0	2,9	22	-	-	1,5	97	69	0,04	0,16	1,00	225	110	-
Bróccoli	51	92,0	3,0	0,4	3,1	0	3,1	3,1	27	12	340	0,8	28	66	0,04	0,12	1,80	2	54	-
Alcachofas	34	91,3	2,7	0,2	2,5	0,5	1,9	5,5	22	133	376	1,0	86	67	0,06	0,10	0,50	18	12	-
Cardos	70	94,3	0,6	0,1	1,7	0,2	1,5	1,5	10	23	293	0,2	96	11	0,02	0,04	0,20	Tr.	4	-
Zanahorias	95	91,6	1,1	0,2	7,6	0	7,6	3,1	35	95	220	0,7	44	37	0,04	0,04	0,70	1148	4	-
Coliflores	66	90,5	3,2	0,2	2,7	0,3	2,4	2,4	25	8	350	0,8	44	69	0,10	0,10	1,20	50	59	-
Coles de Bruselas	76	85,7	4,2	0,5	4,2	0,8	3,3	5,0	37	6	450	1,1	51	50	0,08	0,14	0,70	220	81	-
Brócolis	72	89,0	3,4	0,3	2,0	0	2,0	3,0	24	-	-	1,2	72	74	0,08	0,21	1,80	123	77	-
Coles lombardas	94	92,3	1,9	0,2	2,7	0	2,7	1,0	20	-	-	1,0	60	24	0,06	0,05	0,60	Tr.	52	-
Coles	93	92,2	2,1	0,1	2,5	0	2,5	2,6	19	23	260	1,1	60	29	0,06	0,04	0,60	19	47	-
Pepinos	77	96,5	0,7	0,5	1,8	0	1,8	0,8	14	13	140	0,3	16	17	0,02	0,03	0,60	Tr.	11	-
Achicoria de campo	80	93,4	1,4	0,2	0,7	0	0,7	3,6	10	-	-	0,7	74	31	0,03	0,19	0,30	219	17	-
Achicoria cultivada	89	95,0	1,2	0,1	1,7	0	1,7	-	12	7	180	1,5	150	26	0,03	0,08	0,30	267	8	-
Endivias belgas	100	94,3	0,7	0,3	3,2	0	3,2	1,1	18	-	-	0,3	18	26	0,04	0,03	0,30	10	3	-

Cebolla	83	92,1	1,0	0,1	5,7	0	5,7	1,0	26	10	140	0,4	25	35	0,02	0,03	0,50	3	3	-
Hinojo	59	93,2	1,2	Tr.	1,0	0	1,0	2,2	9	4	394	0,4	45	39	0,02	0,04	0,50	2	5	-
Colinabo	63	92,5	2,6	0,1	2,8	0	2,8	-	22	-	-	2,7	69	49	0,08	0,37	1,80	229	12	-
Setas cultivadas Pleurotus	98	88,4	2,2	0,3	4,5	0	4,5	0,7	28	-	-	0,9	-	97	-	-	-	-	81	-
Champiñones cultivados	95	90,4	3,7	0,2	0,8	0	0,8	2,3	20	5	320	0,8	6	100	0,09	0,13	4,00	0	3	-
Boletus	92	92,0	3,9	0,7	1,0	0	1,0	2,5	26	52	235	1,2	22	142	0,38	0,26	4,00	0	3	-
Germinados de soja	98	86,3	6,2	1,4	3,0	0	3,0	-	49	30	218	1,0	48	67	0,23	0,20	0,80	24	13	-
Lechuga	80	94,3	1,8	0,4	2,2	0	2,2	1,5	19	9	240	0,8	45	31	0,05	0,18	0,70	229	6	-
Cogollos	92	92,2	1,5	0,2	3,0	0	3,0	1,3	19	-	-	1,2	53	25	0,08	0,18	0,30	237	27	-
Berenjenas	92	92,7	1,1	0,4	2,6	0	2,6	2,6	18	26	184	0,3	14	33	0,05	0,05	0,60	Tr.	11	-
Menta	100	86,4	3,8	0,7	5,3	Tr.	5,3	-	41	15	260	9,5	210	75	0,12	0,33	1,10	123	31	-
Patatas	83	78,5	2,1	1,0	17,9	15,9	0,4	1,6	85	7	570	0,6	10	54	0,10	0,04	2,50	3	15	-
Pimienta negra	100	10,5	10,9	3,3	-	-	-	-	-	44	1260	11,2	430	170	0,11	0,24	1,10	19	0	-
Chiles	89	87,8	1,8	0,5	1,8	2,1	1,5	-	26	7	230	0,5	18	18	0,09	0,23	3,00	824	229	-
Pimientos	82	92,3	0,9	0,3	4,2	0	4,2	1,9	22	2	210	0,7	17	26	0,05	0,07	0,50	139	151	-
Tomares maduros	100	94,0	1,0	0,2	3,5	0	3,5	2,0	19	6	297	0,3	9	25	0,02	-	0,80	610	25	-
Puerros	77	87,8	2,1	0,1	5,2	0	5,2	2,9	29	-	-	0,8	54	57	0,06	0,08	0,50	Tr.	9	-
Perejil	80	87,2	3,7	0,6	Tr.	0	Tr.	5,0	20	20	670	4,2	220	75	1,10	0,21	0,60	943	162	-
Achicoria	72	94,0	1,4	0,1	0,6	0	1,6	3,0	13	10	240	0,3	36	30	0,07	0,05	0,30	Tr.	10	-
Nabo	69	93,3	1,0	0	3,8	0	3,8	2,6	18	-	-	0,6	40	29	0,02	0,07	0,90	0	23	-
Rábanos	99	95,6	0,8	0,1	1,8	0	1,8	1,3	11	59	240	0,9	39	29	0,03	0,02	0,40	Tr.	18	-
Romero	100	72,5	1,4	4,4	13,5	Tr.	13,5	-	96	15	280	8,5	370	20	0,10	-	-	92	29	-
Rúcula	100	91,0	2,6	0,3	3,9	0	3,9	0,9	28	-	468	5,2	309	41	0,11	-	-	742	110	-
Salvia	100	66,4	3,9	4,6	15,6	Tr.	15,6	-	116	4	390	-	600	33	0,06	0,19	0,20	245	Tr.	-
Apio	80	88,3	2,3	0,2	2,4	0,2	2,2	1,6	20	140	280	0,5	31	45	0,07	0,11	0,50	207	32	-
Apio nabo	72	88,0	1,9	0,1	3,8	0	3,8	-	23	-	-	0,5	52	90	0,07	0,37	0,40	0	6	-
Espinacas	83	90,1	3,4	0,7	2,9	2,3	0,4	1,9	31	100	530	2,9	78	62	0,07	-	-	485	54	-
Diente de león	100	87,0	3,1	1,1	3,7	0	3,7	0,4	36	76	440	3,2	316	65	0,19	0,17	0,80	992	52	-
Calabaza amarilla	81	94,6	1,1	0,1	3,5	0,9	2,5	-	18	-	-	0,9	20	40	0,03	0,02	0,50	599	9	-
Calabacines	88	93,6	1,3	0,1	1,4	0,1	1,3	1,2	11	22	264	0,5	21	65	0,08	0,12	0,70	6	11	-

COMPOSICIÓN QUÍMICA Y VALOR ENERGÉTICO DE LOS ALIMENTOS POR CADA 100 G DE PARTE COMESTIBLE

Fruta

Alimentos	Parte comestible %	Agua, g	Proteínas g	Lípidos g	Carbohidratos g	Almidón g	Azúcares solubles g	Fibra total g	Energía Kcal	Sodio mg	Potasio mg	Hierro mg	Calcio mg	Fósforo mg	Tiamina mg	Riboflavina mg	Niacina mg	Vitamina A ret. eq. mcg	Vitamina C mg	Vitamina E mg
Albaricoques	94	86,3	0,4	0,1	6,8	0	6,8	1,5	28	1	320	0,5	16	16	0,03	0,03	0,50	360	13	-
Orejones	100	3,5	5,6	1,0	84,6	0	84,6	-	349	33	1260	5,3	86	139	Tr.	0,08	3,60	1410	15	-
Anacardos	-	3,0	15,0	46,0	33	0	0	3,0	598	16	565	6,0	45	490	0,20	0,20	1,00	0	0	1,00
Piña	57	86,4	0,5	0	10,0	0	10,0	1,0	40	2	250	0,5	17	8	0,05	0,01	0,20	7	17	-
Naranja	80	87,2	0,7	0,2	7,8	Tr.	7,8	1,6	34	3	200	0,2	49	22	0,06	0,05	0,20	71	50	-
Aguacate	76	64,0	4,4	23,0	1,8	Tr.	1,8	3,3	231	2	450	0,6	13	44	0,09	0,12	1,10	14	18	6,40
Plátanos	65	76,8	1,2	0,3	15,4	2,4	12,8	1,8	65	1	350	0,8	7	28	0,06	0,06	0,70	45	16	-
Algarrobas	100	10,0	3,3	0,7	49,9	0,9	48,9	23,1	207	-	-	-	-	-	-	-	-	-	-	-
Castañas	85	55,8	2,9	1,7	36,7	25,3	8,9	4,7	165	9	395	0,9	30	81	0,08	0,28	1,11	0	-	-
Clementinas	75	87,5	0,9	0,1	8,7	0	8,7	1,2	37	4	130	0,1	31	18	0,09	0,04	0,30	12	54	-
Coco	52	50,9	3,5	35,0	9,4	0	9,4	-	364	23	256	1,7	13	95	0,05	0,02	0,50	0	3	-
Sandía	52	95,3	0,4	Tr.	3,7	0	3,7	0,2	16	3	280	0,2	7	2	0,02	0,02	0,10	37	8	-
Dátiles secos	90	17,3	2,7	0,6	63,1	0	63,1	8,7	253	5	750	2,7	69	65	0,08	0,15	2,20	5	0	-
Higos	75	81,9	0,9	0,2	11,2	0	11,2	2,0	47	2	270	0,5	43	25	0,03	0,04	0,40	15	7	-
Higos secos	100	19,4	3,5	2,7	58,0	0	58,0	13,0	256	87	1010	3,0	186	111	0,14	0,10	0,60	8	0	-
Higos chumbos	64	83,2	0,8	0,1	13,0	0	13,0	5,0	53	1	190	0,4	30	25	0,02	0,04	0,40	10	18	-
Fresas	94	90,5	0,9	0,4	5,3	0	5,3	1,6	27	2	160	0,8	35	28	0,02	0,04	0,50	Tr.	54	-
Kiwi	87	84,6	1,2	0,6	9,0	Tr.	9,0	2,2	44	5	400	0,5	25	70	0,02	0,05	0,40	-	85	-

frambuesas	100	84,6	1,0	0,6	6,5	0	6,5	7,4	34	3	220	1,0	49	52	‹,05	0,02	0,50	13	25	-
Limón	64	89,5	0,6	0	2,3	0	2,3	1,9	11	2	140	0,1	14	11	‹,04	0,01	0,30	0	50	-
Caqui	97	82,0	0,6	0,3	16,0	0	16,0	2,5	65	4	170	0,3	8	16	‹,02	0,30	0,30	237	23	-
Mandarina	87	85,3	0,8	0,2	12,3	0	12,8	2,2	53	2	160	0,3	30	19	‹,08	0,07	0,30	25	37	-
Clementina	80	81,4	0,9	0,3	17,6	0	17,6	1,7	72	1	210	0,3	32	19	‹,08	0,07	0,30	18	42	-
Almendras dulces secas	24	5,1	22,0	55,3	4,5	0,8	3,7	12,7	603	14	780	3,0	240	550	‹,23	0,40	3,00	1	0	26
Mango	73	82,8	1,0	0,2	12,5	Tr.	12,6	1,6	53	1	250	0,5	7	11	‹,02	0,04	0,60	533	28	-
Granada	59	80,5	0,5	0,2	15,9	0	15,9	2,2	63	7	290	0,3	Tr.	10	‹,09	0,09	0,20	15	8	-
Manzanas golden	73	86,9	0,4	0,1	10,7	Tr.	10,7	1,7	43	Tr.	132	0,2	5	-	-	-	-	-	5	-
Manzana deshidratada	100	2,7	1,3	2,0	92,2	Tr.	92,2	12,5	369	7	730	2,0	40	66	Tr.	0,06	0,60	-	10	-
Melón	47	90,1	0,8	0,2	7,1	0	7,4	0,7	33	8	333	0,3	19	13	‹,05	0,04	0,60	189	32	-
Arándanos	100	85,0	0,9	0,2	5,1	0	5,1	3,1	25	2	160	0,7	41	31	‹,02	0,05	0,05	13	15	-
Moras de zarza	100	85,0	1,3	Tr.	8,1	0	8,1	3,2	36	2	260	1,6	36	48	‹,03	0,05	0,07	2	19	-
Nísperos	66	85,3	0,4	0,4	6,1	0	6,1	2,1	28	6	250	0,3	16	11	‹,04	0,05	0,40	170	1	-
Avellanas secas	42	4,5	13,8	64,1	6,1	1,8	4,1	8,1	655	11	466	3,3	150	322	‹,51	0,10	2,80	30	4	15
Nueces secas	39	3,5	14,3	68,1	5,1	2,8	3,1	6,2	689	2	368	2,1	83	380	‹,45	0,10	1,90	8	Tr.	3
Aceitunas negras	74	68,6	1,6	25,1	0,3	0	0,8	3,9	235	54	432	1,6	62	18	‹,10	0,10	1,00	15	Tr.	-
Aceitunas verdes	84	76,8	0,8	15,0	1,3	0	1,0	3,0	142	-	-	1,6	64	14	‹,03	0,08	0,50	48	Tr.	-
Papaya	70	89,3	0,4	0,1	6,9	0	6,9	2,3	28	7	140	0,5	28	16	‹,03	0,03	0,03	265	60	-
Peras	84	87,4	0,3	0,1	8,3	0	8,8	3,8	35	2	140	0,3	11	15	‹,01	0,03	0,10	Tr.	4	-
Melocotones	91	90,7	0,8	0,1	6,1	0	6,1	1,6	27	3	260	0,4	8	20	‹,01	0,03	0,50	27	4	-
Piñones	29	4,3	31,9	50,3	4,0	0,1	3,9	4,5	595	-	-	2,0	40	466	‹,39	0,25	2,70	9	-	-
Pistachos	50	3,9	18,1	56,1	8,1	3,3	4,5	10,6	608	1	972	7,3	131	500	‹,67	0,10	1,40	43	2	4
Pomelo	70	91,2	0,6	0	6,2	0	6,2	1,6	26	1	230	0,3	17	16	‹,05	0,03	0,20	Tr.	40	-
Ciruelas	90	87,5	0,5	0,1	10,5	0	10,5	1,5	42	2	190	0,2	13	14	‹,08	0,05	0,50	16	5	-
Grosella	98	77,4	0,9	Tr.	6,5	0	6,6	3,6	28	3	370	1,3	60	43	‹,03	0,06	0,30	17	200	-
Uva	94	80,3	0,5	0,1	15,6	0	15,6	1,5	61	1	192	0,4	27	4	‹,03	0,03	0,40	4	6	Tr.

Comer fuera de casa

Con una buena planificación no resulta difícil seguir manteniendo una buena alimentación incluso cuando no podamos disponer de nuestra cocina.

Mientras estamos de viaje necesitamos alimentos nutritivos y que puedan transportarse con facilidad: la fruta seca dulce y la oleosa constituyen la mejor opción. Si tenemos un secadero podemos preparar con antelación bolsitas de verduras deshidratadas que podremos comer tal cual o pulverizadas y posteriormente rehidratadas con agua, dando como resultado sopas crudas.

En los restaurantes no es complicado pedir una ensalada mixta, aunque hay que evitar las grandes ensaladas con mil ingredientes: pueden reservar sorpresas desagradables, como atún o mozzarella. Podemos informarnos de si de postre hay macedonia de fruta fresca, no conservada, a la que no se le haya añadido previamente azúcar. Puede que pedir una ensalada nos haga sentir algo incómodos; en este caso, hay que recordarnos a nosotros mismos que nuestra salud y nuestro bienestar tienen muchísima más importancia que cualquier comentario de nuestros comensales.

Nada de estimulantes

Actualmente vivimos en un mundo tóxico, artificial, para el cual no hemos sido programados.

Las toxinas no sólo están presentes en la comida que ingerimos, sino también en el aire que respiramos, en el agua que bebemos y en los materiales que constituyen nuestra vivienda; en general, todo lo que no es natural es una fuente potencial de toxicidad y contaminación.

No es posible eliminar todas las fuentes de contaminación que nos afectan, pero sí intentar reducir la exposición a las sustancias nocivas; nuestro organismo posee una capacidad de regeneración y purificación extraordinarias, siempre que la carga que haya que eliminar no sea excesiva.

Cada día ingerimos alimentos que contienen substancias químicas o alcaloides: se trata de la cafeína en el café, de la teína en el té o de la teobromina en el cacao. Estas sustancias ejercen una acción estimulante en el organismo humano (y no hablemos de la nicotina y otras drogas más o menos duras). Aparentemente insuflan energía. En realidad, los estimulantes son simplemente drogas, y actúan como tales: provocan adicción y síndrome de abstinencia cuando dejamos de tomarlos durante cierto tiempo.

La cafeína es una sustancia tóxica producida por unas plantas, probablemente como mecanismo de defensa, algo semejante a un pesticida biológico. El hecho de que se considere inofensiva se debe únicamente a su difusión y aceptación general: se juzga perfectamente normal tomar estimulantes en cualquier momento del día.

Para neutralizar los efectos excitantes de una tacita de café se necesitan varias horas, hasta 12, y el 99% de la sustancia tiene que metabolizarla el hígado.

El empleo de sustancias estimulantes obliga al organismo a trabajar bajo condiciones de estrés, desencadenando una reacción de tipo «lucha o huida», o bien una situación en la que el cuerpo produce adrenalina y se dispone a enfrentarse a un hecho estresante, imprevisto y de breve duración. Se ha demostrado que una dosis de 250 mg de cafeína incrementa la secreción de adrenalina en un 200%.

Se crea así una situación nada ideal para el cuerpo, ya que el único resultado es un consumo exagerado y no necesario de energía.

Los estimulantes actúan directamente sobre el sistema nervioso e inducen un fuerte estrés en el organismo; el estrés es precursor de muchas patologías, como angustia, insomnio, depresión, jaqueca, herpes…

En la práctica, los estimulantes, que aparentemente nos ayudan a afrontar mejor la vida cotidiana, en realidad nos despojan de nuestra energía y nos vacían de nuestros mismos recursos.

La cafeína es responsable de la no asimilación de gran parte del hierro que se ingiere con una alimentación normal. El típico café después del almuerzo puede llegar a inhibir la absorción del 75% del hierro ingerido, y también afecta a la asimilación de vitaminas del grupo B, así como de calcio, magnesio, potasio y zinc. Añadir azúcar blanco, o sea, otra sustancia estimulante y muy refinada, a café, té o chocolate, empeora estos efectos en el organismo.

El efecto secundario más evidente del consumo de sustancias estimulantes es la adicción que crean. La adicción está a menudo potenciada por la mezcla de sustancias estimulantes: añadimos azúcar blanco a té, café o chocolate. Tanto el azúcar como la cafeína estimulan excesivamente las glándulas suprarrenales, estresándolas y debilitándolas; como consecuencia, necesitaremos cada vez más café, té o chocolate para obtener el mismo efecto estimulante.

Son muchas las sustancias que contienen cafeína, tal como muestra la tabla que se reproduce a continuación. Una taza de café produce un aumento, aparente y temporal, de la concentración y del nivel de energía: mejora la coordinación muscular, incrementa la actividad cerebral, estimula el sistema cardiovascular y acelera el metabolismo basal.

Chocolate (una taza)	10 mg
Taza o lata de té	20-30 mg
Café descafeinado	2-5 mg
Coca Cola	30-40 mg
Expreso	60-120 mg
Café hecho con moka (35-50 ml)	60-120 mg
Café americano	95-125 mg

Esta sustancia también tiene un efecto diurético y laxante, hecho que valoran muchos de sus consumidores.

Tal como ocurre con todas las drogas, para obtener los mismos efectos es necesario aumentar la dosis de cafeína porque el organismo muy pronto entra en estado de adicción. Tarde o temprano necesitaremos nuestra «droga» para poder funcionar correctamente: sin ella nos sentiremos cansados, fatigados y deprimidos. La cafeína representa, por tanto, un estimulante natural que crea potenciales problemas de adicción física y psicológica. El efecto diurético no tiene nada de positivo, puesto que conlleva deshidratación del organismo y pérdida de nutrientes. Junto con el efecto ya mencionado de reducción de la asimilación de vitaminas del grupo B, de calcio, de hierro y otras sustancias, el cuadro general muestra un empobrecimiento del organismo en el plan nutricional, que a menudo intentamos compensar tomando complementos vitamínicos.

Algunos individuos consumen cafeína de manera puntual. El uso moderado no puede considerarse peligroso; en cambio, lo es el consumo frecuente que crea adicción y que causa los problemas mencionados. También el uso moderado, si es diario, puede valorarse como síntoma de adicción. Un consumo que supere los 100 mg diarios ya puede considerarse problemático.

La única forma de saber si estamos «drogados» de cafeína es interrumpir su consumo y observar nuestro estado psicofísico.

Síntomas derivados del abuso de cafeína	Síntomas derivados de la abstinencia de la cafeína
Nerviosismo	Dolores de cabeza
Ansia	Nerviosismo
Irritabilidad	Insomnio
Dolores de cabeza	Fatiga
Colon irritable	Depresión
Taquicardia e irregularidad del ritmo cardíaco	Apatía
Insomnio	Ansia
Depresión	Mareos
Diarrea	Estreñimiento
Fatiga	Temblores
Deficiencias nutricionales	Incapacidad para concentrarse
Aumento de la tensión arterial	Taquicardia
Aumento del colesterol	Calambres
Disminución de la concentración	

Como ya se ha dicho, también en el té (incluido el té verde) y en el cacao se encuentran sustancias estimulantes, aunque en concentraciones inferiores a las del café. El té también contiene tanino, un ligero irritante de la mucosa gastrointestinal que puede contribuir a su vez a reducir la asimilación de minerales como el manganeso, el zinc y el cobre.

Quienes estén afectados por síntomas de adicción y deseen intentar eliminar completamente de su alimentación las sustancias estimulantes o bien hacer un uso puntual y recreativo de las mismas tendrán que reducir la ingestión de cafeína de forma gradual para no incurrir en fuertes dolores de cabeza y verdaderas crisis de abstinencia.

Habrá que adoptar una alimentación muy alcalinizante para facilitar la desintoxicación y abastecer el organismo con los nutrientes necesarios amén de, como es obvio, beber mucha agua. Una alimentación adecuada nos proveerá de todos los nutrientes que nos faltan. En esta fase también podemos beber algún sucedáneo del café, como el café de malta o de cereales tostados, o bien tisanas o infusiones en lugar del té.

El azúcar

El azúcar, como lo denominamos habitualmente, es un tipo de carbohidrato disacárido, un azúcar simple, también llamado sacarosa. La diferencia entre azúcares simples y complejos –como son los almidones y la pasta– consiste en que los primeros se queman enseguida, suministrando energía inmediata pero de corta duración al organismo, mientras que los segundos se asimilan más lentamente, produciendo energía de forma gradual. Además de la sacarosa también existen otras clases de azúcares simples: la *fructosa* (presente en la fruta y en la miel, pero también sintetizada bajo forma de cristales), la *lactosa* (presente en la leche) y la *glucosa* (que el cuerpo humano puede asimilar directamente). La adición de azúcares a los alimentos los hace más apetecibles pero incrementa su aporte energético.

La sacarosa es de origen vegetal y se extrae en su mayoría de la caña de azúcar y de la remolacha, aunque también de otros vegetales. La caña de azúcar se cosecha y muele, mientras que el tratamiento de la remolacha es más complejo; primero hay que hervirla a una temperatura de 80 °C, después se somete a un proceso de depuración, también a alta temperatura, con jalbegue, en el que los componentes nobles del vegetal se precipitan y son destruidos por la reacción alcalina y el calor. La sustancia resultante se trata con cal viva, ácido carbónico, dióxido de sulfuro y carbonato de calcio. La masa resultante se vuelve a cocer para, seguidamente, enfriarla, cristalizarla y centrifugarla. El último proceso, el refinado, se lleva a cabo empleando ácido carbónico, ácido sulfúrico y otras sustancias. Para que el producto final resulte más atractivo se pueden llegar a eliminar los matices amarillos que resistan a un segundo blanqueo con colorantes.

El azúcar industrial es un producto muerto: no aporta al organismo ninguna vitamina ni ningún elemento y sólo suministra las que técnicamente se definen como calorías vacías; es más, para permitir su asimilación, nuestro organismo tiene que invertir gran parte de sus recursos de vitaminas del grupo B. Si se toma a diario, produce un estado de hiperacidez continuo y, en el intento de rectificar el desequilibrio, el organismo se ve obligado a desprenderse cada vez de más minerales. Finalmente, para proteger la sangre, se extrae calcio de los huesos y de los dientes hasta generar un decaimiento y un debilitamiento generalizados. En un primer momento, el azúcar se almacena en el hígado bajo la forma de glucosa. Puesto que la capacidad del hígado es limitada, una absorción diaria de azúcar refinado provoca muy pronto la hinchazón del hígado y, cuando llega al límite de sus posibilidades, la glucosa sobrante vuelve a la sangre bajo la forma de ácidos grasos; éstos recorren todo el organismo y se almacenan en las áreas menos activas. Una vez estas zonas relativamente inocuas han llegado a la saturación, los ácidos grasos se reparten en órganos activos como el corazón y los riñones, cuya actividad empieza a menguar y cuyos tejidos acaban degenerando y transformándose en grasas. Todo el organismo resulta afectado por el fallo de estos órganos, y se crea una tensión sanguínea anormal. El sistema nervioso parasimpático queda afectado y los órganos que dependen de él, como el cerebelo, se vuelven inactivos o se paralizan. Los sistemas circulatorio y linfático son invadidos, y las características de los glóbulos rojos empiezan a cambiar. Aparece una sobreabundancia de glóbulos blancos y la generación de tejidos se ralentiza, la tolerancia y la capacidad inmunitaria de nuestro organismo quedan cada vez más limitadas: ya no podemos reaccionar a situaciones relativamente críticas, como frío, calor, mosquitos o microbios.

En definitiva hay muchas razones para evitar el azúcar, sobre todo si existen alternativas como la estevia.

Sopa cruda

Crackers a la pizzaiola

Pizza

Tallarines con setas

Albóndigas de setas y calabacines

Tarta de chocolate

Helado de plátano

Stone sushi

Stevia rebaudiana

Es una pequeña planta arbustiva perenne de la familia de los crisantemos que crece en estado silvestre, formando pequeños matorrales en terrenos arenosos y en la montaña.

Es originaria de una zona situada en la frontera entre Paraguay y Brasil y tiene hojas verdes de forma ovalada con el borde ligeramente dentado y flores diminutas de color blanco. En plena maduración alcanza una altura de 80 cm.

Tiene un extraordinario poder endulzante: en su forma natural es unas 20-30 veces más dulce que el azúcar alimentario corriente. Ya en la antigüedad, las poblaciones locales utilizaban la Stevia para endulzar bebidas; en Europa llega sólo gracias al científico naturalista paraguayo Antonio Bertoni, que en 1887 informó por primera vez de su utilización por parte de las tribus indígenas.

En la actualidad, en Río de Janeiro se sigue estudiando su empleo puesto que se considera el edulcorante del futuro. En su forma más común de polvo blanco, extraído de las hojas de la planta, llega a ser entre 200 y 300 veces más dulce que el azúcar, siendo, por tanto, el edulcorante natural más potente.

Una única hojita fresca desprende en el paladar, al cabo de unos instantes, una sensación dulce muy fuerte, dejando al final un ligero regusto a regaliz.

Tiene una función hipoglicémica, antifúngica e hipotensora. Durante siglos se ha utilizado para aportar energía, regular el nivel de glucosa en sangre, reducir el deseo de dulces, calmar el apetito, mejorar la digestión, relajar y suavizar la piel a través de mascarillas faciales y para prevenir infecciones gingivales y caries dentales.

La Stevia es una de las mejores plantas existentes. Su hoja entera es beneficiosa tanto para el cuerpo como para la piel.

Las hojas contienen glucósidos que determinan su poder endulzante; a su vez, éstos se componen de esteviósidos y rebaudiósidos.

Los análisis químicos demuestran que las hojas también contienen, además de los glucósidos (esteviósido, rebaudiósido y un dulcósido), proteínas, fibras, carbohidratos, hierro, fósforo, calcio, sodio, potasio, magnesio, zinc, rutina (un flavonoide) , vitamina A y C y un aceite que a su vez contiene 53 elementos.

El esteviósido y el rebaudiósido son los componentes más dulces de la Stevia y se presentan, una vez refinados, como un polvo casi blanco o bien, si se obtienen mediante extracción acuosa o hidroalcohólica, con sucesiva evaporación del alcohol, como un líquido transparente. Sin embargo, algunos estudios apuntan a un efecto cancerígeno de estos principios activos.

Las hojas pueden contener cantidades distintas de glucosa en función de una variedad de factores como las condiciones climáticas, la tipología del terreno, la luminosidad y los métodos de riego, de cultivo, de manipulación y de almacenamiento.

Las distintas producciones de Stevia pueden, asimismo, clasificarse según criterios de aroma, sabor, aspecto y poder edulcorante.

La Stevia ha conquistado el 50 % del mercado japonés de los edulcorantes con el esteviósido. Si bien el esteviósido refinado es un endulzante agradable, no cuenta con las extraordinarias propiedades beneficiosas de la hoja de Stevia o de los productos derivados del empleo de la hoja entera. La planta puede cultivarse en casa, en el balcón o en el jardín.

Extracto líquido de Stevia

El extracto líquido se prepara poniendo hojas frescas o secas en un litro de alcohol de 95° (100 gramos de polvo o 350 gramos de hoja fresca), dejándolas macerar durante 12 días (polvo) o 15 días (hojas frescas); a continuación, basta filtrar la solución y diluir el alcohol añadiendo agua, en la proporción de ½ litro de agua por litro de alcohol en el caso del polvo y de ⅓ de litro de agua en el caso de las hojas frescas. Para reducir la cantidad de alcohol bastará calentar la solución a fuego lento (sin que llegue a hervir), de manera que el alcohol pueda evaporarse (¡cuidado para que no se inflame!). También podemos concentrar la solución al gusto haciéndola hervir; así se puede alcanzar la consistencia de un jarabe. Para conseguir un extracto que tenga una capacidad endulzante 70 veces superior a la del azúcar hay que concentrar la solución descrita (a partir de 1 litro de alcohol) hasta conseguir un peso de 200 gramos, equivalente a unos 14 kilos de azúcar.

Las proteínas

En general, la primera preocupación que manifiesta quien se acerca a una dieta crudista está relacionada con la cantidad de proteínas que esta clase de alimentación puede suministrar.

¿Serán suficientes las proteínas derivadas de una alimentación que se basa principalmente en frutas y verduras?

Habrá, por tanto, que empezar por averiguar qué cantidad de proteínas tendría que ingerir una persona.

Todo el mundo sabe que las proteínas desempeñan muchas e importantes funciones, entre las cuales la plástica y de regeneración celular.

Las proteínas que comemos con los alimentos siempre se descomponen en aminoácidos, que son moléculas más pequeñas que podrían definirse como los ladrillos de las proteínas. Los alimentos contienen 20 aminoácidos diferentes, 8 de los cuales se denominan esenciales porque nuestro organismo no tiene la capacidad de sintetizarlos, sino que debe extraerlos de la alimentación. Las proteínas son, en definitiva, compuestos de aminoácidos que forman los tejidos de nuestro cuerpo.

A menudo, tanto en la televisión como en la escuela, nos dicen que las proteínas nobles son las de origen animal, o sea, completas de todos los aminoácidos esenciales.

¿Cuántas proteínas necesitamos?

En realidad, los aminoácidos se hallan presentes en todos los alimentos que tomamos, incluyendas la fruta y la verdura. La pregunta, por tanto, tendría que ser: ¿cuántas proteínas necesitamos realmente?

El primer experimento sobre necesidades proteicas se llevó a cabo en 1914 en un estudio sobre ratas de laboratorio. Los investigadores determinaron las cantidades de proteínas necesarias para el crecimiento de las ratas jóvenes y aplicaron dichos valores al hombre. Parece evidente que ratas y humanos tienen necesidades distintas y, sin embargo, fue así como nació la determinación de los valores proteicos que seguimos aplicando hoy en día.

Además, en la dieta occidental tradicional se consumen demasiadas proteínas, aproximadamente el doble de la dosis diaria recomendada (RDA, *Recommended Dietary Allowance)*, para un adulto medio sedentario, que es de 0,8 por kg de peso corporal. Ello tiene graves consecuencias en nuestra salud, con la aparición de problemas que pueden revestir cierta gravedad, como:

Osteoporosis. Se ha comprobado que las dietas especialmente ricas en proteínas animales provocan una excreción de calcio a través de la orina superior a la normal, lo que incrementa el riesgo de desarrollar osteoporosis. En el marco de una alimentación vegetal, se aconseja el consumo de verduras de hoja verde, que pueden ofrecer al organismo tanto proteínas como cantidades adecuadas de calcio, ayudando a prevenir la osteoporosis.

Cáncer. Algunos estudios han llegado a la conclusión, que el proceso de cocción de ciertas proteínas presentes en la carne, el pescado o las aves, llevado a cabo a temperaturas elevadas y en especial cuando se cocina a la parrilla o con aceite, provoca la aparición de sustancias denominadas aminas heterocíclicas (HCA). Estudios epidemiológicos han demostrado la existencia de una relación entre el consumo de carne cocida y la aparición de tumores en el intestino grueso, el pulmón y la próstata. Otras investigaciones recientes han demostrado que muchos vegetales pueden proteger el organismo humano de los efectos nocivos de las aminas heterocíclicas, reduciendo el riesgo de padecer tumores y enriqueciendo la dieta de fuentes proteicas más sanas.

Patologías renales. La ingestión de demasiadas proteínas conlleva una sobrecarga para los riñones, que se ven forzados a excretar el exceso de residuos nitrogenados a través de la orina.

Patologías cardiovasculares. Una alimentación rica en productos animales, como ciertos regímenes hiperproteicos que se proponen para la pérdida de peso o el aumento de la masa muscular, también es muy rica en colesterol, grasas y ácidos grasos insaturados. Las dietas de elevado contenido proteico más publicitadas contienen cantidades excesivas de estos productos que taponan las arterias y predisponen a las cardiopatías. Una cantidad adecuada de proteínas puede asimilarse a través de una variedad de productos de origen vegetal que no contienen colesterol y apenas unas pequeñas cantidades de ácidos grasos.

- Estudios recientes demuestran que la dieta más saludable es la rica en carbohidratos, pobre en grasas y moderada en proteínas. Especialmente recomendada es la ingesta de fruta y verdura para controlar el peso y prevenir enfermedades como el cáncer y las cardiopatías.

- Un régimen rico en verduras de hojas verdes y germinados aporta abundantes proteínas, sobre todo si los vegetales no se cuecen, porque la cocción de los alimentos provoca la coagulación de las proteínas y su consiguiente destrucción parcial.

- Un calentamiento a temperaturas de entre 60 y 100 °C da lugar a la desnaturalización de la estructura de las proteínas. A temperaturas superiores a los 100 °C se registra la destrucción de ciertos aminoácidos esenciales, como la lisina, la metionina y el triptófano.

- En cambio, los vegetales de hoja verde en su estado natural constituyen una fuente segura de proteínas, digeribles y asimilables por nuestro organismo. Los germinados de legumbres son otra fuente extraordinaria de aminoácidos, o bien de proteínas ya descompuestas, por tanto, asimilables directamente y en gran medida utilizables.

De todo ello se desprende que una alimentación basada en alimentos vivos ofrece un aporte de proteínas más que adecuado para las necesidades diarias del individuo, ya que estas pueden asimilarse por completo sin ser destruidas por los métodos de cocción.

¿Cocidas o crudas?

Existe cierta diferencia entre proteínas que han sufrido la cocción y las que se encuentran en los alimentos en su estado natural y vivo.

Nuestro organismo (compuesto de 100 billones de células vivas) se compone aproximadamente de un 15 % de proteínas, la parte sólida más consistente después del agua, que representa el 70 % del volumen de nuestro cuerpo.

Los aminoácidos que componen las proteínas están constituidos por moléculas, es decir, cadenas de átomos, unos elementos fundamentales de nuestro organismo.

La cocción de los alimentos tiene el efecto de desnaturalizar, o reajustar, la estructura molecular de las proteínas, coagulando los aminoácidos.

Uno de los más conocidos crudistas del siglo pasado, el doctor Norman W. Walker, que vivió hasta los 118 años tras curarse de un cáncer con una alimentación completamente cruda, manifestaba que existe cierta diferencia entre átomos vivos y átomos muertos. El proceso de cocción modifica las vibraciones de los átomos que componen los aminoácidos, que, a su vez, constituyen las proteínas que forman nuestro cuerpo. Él descubrió que en el cuerpo humano, seis minutos después de la muerte, los átomos que lo componen modifican su vibración, diferenciándose así de los átomos que constituyen un organismo vivo.

La misma diferencia se produce entre proteínas derivadas de comida en estado vital y otras que se han sometido a cocción. Estas proteínas constituyen el 15 % de nuestro cuerpo.

Una vez las proteínas hayan sido desnaturalizadas con la cocción (pensemos en la transformación que experimenta un huevo frito), ya no es posible devolverlas a su estado original.

Hay quien afirma que no hay diferencia entre la calidad de las proteínas derivadas de alimentos vivos y las procedentes de alimentos ya muertos, y que nuestras células pueden aprovechar ambas de la misma forma. Es más, algunos defienden que la desnaturalización proteica facilita la digestión de las proteínas.

Sin embargo, algunos estudios llevados a cabo a partir de la observación de animales nos llevan a pensar lo contrario.

Casi todos los animales en su estado natural y salvaje se alimentan casi exclusivamente de alimentos vivos.

A comienzos del siglo xx, en zoológicos y circos era práctica común dar de comer las sobras de restaurantes a los animales cautivos, hasta que su elevada mortalidad impuso un cambio de dieta a favor de una alimentación más natural, tal como describió en 1923 el estudio llevado a cabo por el doctor. H. Fox.

También un estudio publicado en 1946 por el doctor Francis M. Pottenger, llevado a cabo con 900 gatos durante un período de 10 años, demostró las importantes ventajas en la salud de los individuos alimentados con alimentos crudos biológicamente apropiados para el animal en cuestión, en comparación con los gatos que sólo se alimentaban de comida cocida. El segundo grupo no sólo desarrolló problemas cardíacos, cáncer, enfermedades renales y tiroideas, pérdida de dientes, artritis, hepatopatías y osteoporosis (los mismos problemas que aquejan a los humanos), sino que la primera generación de cachorros recién nacidos ya presentaba problemas de salud. En cambio, el grupo de gatos alimentados de forma adecuada mostraba una salud excelente, así como las generaciones de cachorros que nacerían sucesivamente.

De ello puede deducirse, por tanto, la superioridad de los alimentos vivos y, en consecuencia, la calidad de las proteínas en su estado no desnaturalizado. Las mismas proteínas que constituirán buena parte de nuestro organismo.

Si comparamos nuestro cuerpo con una casa, podríamos considerar las proteínas como los ladrillos de este edificio. La casa será, sin duda, más bonita y más sólida si la construimos con materias primas de la mejor calidad y diseñadas expresamente para cumplir con el fin de la construcción.

A menudo se valora el potencial nutritivo de las proteínas, o bien su capacidad de utilización por parte del organismo, adoptando unos parámetros estándar seleccionados por distintos organismos de control del sector alimentario.

Uno de ellos es el PER (Protein Efficiency Ratio), que refleja el perfil de los aminoácidos disponibles. El PER más elevado se encuentra en la leche de vaca, gracias a su gran capacidad de ofrecer un incremento ponderal rápido.

Se trata de un parámetro engañoso, puesto que el hecho de que la leche de vaca sea el alimento que favorece el crecimiento más rápido del niño, por ejemplo, no implica de forma automática que sea un alimento de alta calidad y que esta característica sea deseable en un ser humano en fase de crecimiento. En efecto, su composición en nutrientes, del todo distinta a la de la leche materna, es más adecuada para el crecimiento de un ternero que de un humano.

Otro parámetro que se suele usar es el Valor Biológico (VB), que expresa el valor nutricional de una proteína alimentaria tomando como valor de referencia el de la clara del huevo, igual a 100. Actualmente, todas las asociaciones y los expertos que trabajan en el campo de la nutrición, al igual que el PER, también consideran inadecuado este parámetro.

Un falso mito

Hace tiempo que la idea por la que en cada comida tiene que haber proteínas completas, es decir, todos los aminoácidos esenciales, se considera un falso mito. Este mito nació y fue promovido por Frances Moore Lappé en 1961, que en esa época quería demostrar que era posible obtener proteínas de alto valor biológico a través de una alimentación vegetariana. Más tarde, la misma autora desmentiría sus propias conclusiones anteriores en su revisión del libro *Diet for a small planet,* argumentando que, a la vista de nuevos estudios e investigaciones, no es en absoluto necesario combinar vegetales distintos.

Muchos vegetales, como las zanahorias, las coles, los pepinos, las calabazas, los tomates, los guisantes y las espinacas, ya contienen los 8 aminoácidos esenciales, y en realidad nuestro organismo tiene la capacidad de almacenar los aminoácidos para el futuro.

Dichos aminoácidos derivan no sólo de la comida que se ingiere, sino también de procesos de «reciclaje» interno de tejidos viejos, y se guardan tanto en las células como en el hígado para ser utilizados cuando se necesiten.

Se recomienda, en todo caso, consumir una amplia variedad de frutas, verduras, semillas, nueces y germinados a lo largo del día, de modo que si un alimento adolece de un aminoácido en concreto, otro compensará esta deficiencia.

Proteínas de calidad

Décadas de investigaciones y estudios epidemiológicos han demostrado, y siguen demostrando, que las proteínas vegetales en realidad tienen una «calidad» superior para el hombre, porque se alejan menos, respecto a las animales, del perfil aminoácido ideal; las proteínas de la carne, por ejemplo, son demasiado ricas en azufre —con las conocidas consecuencias a largo plazo sobre la salud de los huesos, y en isoleucina, cuyo exceso produce demasiado amoniaco (NH_3) en el organismo.

En respuesta a afirmaciones y planteamientos poco convincentes, que aun así se estaban imponiendo en las pasadas décadas, se han llevado a cabo unos estudios que confirman, sin que haya lugar para ninguna duda, lo que acabamos de exponer: que no sólo las proteínas vegetales son completas, sino que la posición de quien defiende la necesidad de añadir productos animales a la dieta del hombre no reside en ninguna base científica.

En un ensayo clínico de 1971 [Lee, C.; Howe, J. M.; Carlson, K. y Clark, H.E. (1971) «Nitrogen retention of Young men fed rice with or without supplementary chicken», *Am. J. Clin. Nutr.*, 24, 318-323], se analizó, entre otros, el efecto de un régimen a base exclusivamente de proteínas de fruta y verduras, como plátanos, mango, aguacate, tomates y carambolos. La cantidad de proteínas asimilada era de 24 g diarios, y al cabo de 79 días, todos los participantes presentaban un equilibrio de positivo nitrógeno y gozaban de una salud excelente.

En este momento se añadieron hígado y carne a la dieta de la mitad del grupo sin que se registrara ninguna modificación en el equilibrio de nitrógeno de los participantes. Una vez más, quedaba confirmado que las proteínas vegetales ofrecen la cantidad necesaria de aminoácidos y que la adición de carne no conlleva ventajas nutricionales respecto a las proteínas vegetales.

Proteínas y necesidades energéticas

Las proteínas no constituyen ningún problema siempre que se respeten las necesidades energéticas. Ésta también es la posición oficial de la American Dietetic Association, según la cual «si los vegetales se consumen de forma variada satisfaciendo las necesidades energéticas, las proteínas vegetales pueden satisfacer perfectamente las necesidades nutricionales. Los estudios apuntan que una variedad de alimentos ingeridos a lo largo del día suministran todos los aminoácidos esenciales, asegurando la asimilación y utilización de nitrógeno en los adultos sanos, indicando que las proteínas complementarias no tienen por qué consumirse en la misma comida».

No es para nada difícil satisfacer las necesidades proteicas diarias con una dieta basada en alimentos vegetales, puesto que la cantidad recomendada oscila de los 45 a los 55 g de proteínas/día de promedio, y muchos nutricionistas afirman incluso que 20 g de proteínas al día serían más que suficientes.

El *American Journal of Clinical Nutrition* afirma que tendríamos que sacar el 2,5 % de las calorías de proteínas y que muchas poblaciones mantienen un estado de salud excelente dentro de este rango. La OMS –Organización Mundial de la Salud– establece un porcentaje de calorías del 4,5 % derivado de proteínas, hasta llegar al 6 % en el caso de Food and Nutrition Board, y finalmente, al 8 % según el National Research Council.

Los porcentajes más elevados representan márgenes de seguridad y en cualquier caso, para nuestra tranquilidad, hay que pensar que el mundo vegetal ofrece del 6-10% (fruta) al 40-50% (verduras de hoja) de proteínas, además de muchas otras importantes sustancias, como vitaminas, antioxidantes y minerales.

Una dieta que contemple consumo de fruta, verdura, fruta seca y semillas supera este porcentaje sin que haya que hacer nada más que consumir las calorías necesarias para cubrir nuestras necesidades energéticas. Las proteínas de los frutos secos, de la verdura y de la fruta pueden satisfacer las necesidades proteicas de cualquier organismo, a cualquier edad, con cualquier tipo de actividad física, desde la sedentaria a la deportiva profesional, al encontrarse en abundancia en estos alimentos, ricos, asimismo, en muchas otras sustancias básicas para el crecimiento, el mantenimiento físico y la salud del hombre.

Cabe recordar que todas las proteínas, al fin y al cabo, proceden de los vegetales. Se trata, por tanto, de obtener estos elementos directamente del productor y no optar por proteínas de segunda mano derivadas de animales que, a su vez, se alimentan de plantas.

Mejor si es de calidad

Para acabar, vamos a ver cuál es el período, en la vida de cada individuo, en el que es mayor la necesidad de proteínas. Sin duda, el período de crecimiento y, concretamente, aquél en que el crecimiento individual se produce de forma exponencial, es el inmediatamente posterior al nacimiento. Los primeros años de vida son años intensos, en los que peso y estructura aumentan de manera notable, mucho más que en los años sucesivos. Resulta, por tanto, obvio que el alimento ingerido por un recién nacido sea fundamental para su crecimiento óptimo, y el alimento por excelencia es la leche materna. Si analizamos la composición de la leche materna, descubrimos que contiene entre un 2 y un 5% de proteínas. De ello puede deducirse que, tal vez, no sea cierto que un adulto necesite, tal como nos dicen a menudo, un 20% de proteínas. Tal vez deberíamos plantearnos la pregunta opuesta: ¿estamos tomando una cantidad exagerada de proteínas?

Lo que es indudable es que deberíamos apostar al máximo por la calidad de este macronutriente, más que por la cantidad, procurando que proceda de fuentes naturales para que nuestro organismo pueda asimilarlo con más facilidad, construyendo nuevas células sanas y llenas de vida.

Las recetas

Las recetas que se describen a continuación contienen a veces ingredientes especiales.

- Las semillas de psilio tienen una función condensante y pueden encontrarse en herboristerías; se muelen con la ayuda de un molinillo de café corriente.

- El zumo de caña de azúcar evaporado, si no se encuentra en los colmados más especializados, puede reemplazarse por la misma cantidad de jarabe de agave, que podemos comprar en tiendas de alimentación natural.

- El miso y el tamari técnicamente no están crudos. Aun siendo alimentos fermentados, son el resultado de un proceso de cocción de las semillas de soja. Sin embargo, su empleo en las recetas que se describen a continuación es moderado y los puristas pueden prescindir de su empleo.

- Algunas recetas no respetan rígidamente las combinaciones alimentarias. La sensibilidad a estas combinaciones está relacionada estrictamente con el individuo, siendo aconsejable optar por las soluciones menos complejas en caso de digestiones muy difíciles.

- Siempre que no se indique lo contrario, las recetas son para 4 personas.

Leyenda de los símbolos que se utilizan en el texto:

F = Receta de ejecución fácil

M = dificultad media

E = para quien cuente con cierta experiencia en la cocina

Desayunos

Proponemos cinco formas distintas de preparar un desayuno natural: macedonias, batidos, zumos, cereales, leches vegetales y algunas ideas originales.

Macedonias

- La forma más sencilla de preparar una macedonia es utilizando lo que tengamos a mano, evitando combinar más de tres frutas para evitar problemas digestivos.
  Podemos enriquecer nuestras ensaladas de fruta con semillas oleosas, fruta seca dulce, canela o coco en láminas al gusto.

Batidos

- Con la ayuda de una buena batidora es fácil preparar desayunos sabrosos y tentempiés a base de fruta. El batido representa la solución ideal para quien siempre tiene prisa; es rico en nutrientes y llena y proporciona a la vez sensación de ligereza.

- Los plátanos constituyen una base excelente para los batidos, puesto que los hacen más densos y cremosos, pudiendo utilizarse incluso congelados (previamente pelados y cortados), para conseguir un auténtico batido.

Delicioso F

Ingredientes: 1 plátano, 2 melocotones, media sandía.

Batido de manzana F

Ingredientes: 1 naranja, 2 manzanas, 1 plátano, canela.

Tropical F

Ingredientes: ½ taza de agua, ¼ de piña, 10 fresas, 1 mango, 1 plátano, 3 cubitos de hielo.

Batido de chocolate F

Ingredientes: 2 plátanos, 4 cucharadas de mantequilla de almendra o *tahini*, 2 tazas de agua, 2 cucharas de polvo de algarroba o cacao.

«Milkshake» de plátano y almendras F

Ingredientes: 3 tazas de leche de almendras, 6 plátanos previamente pelados, cortados en trozos y congelados.

Batido de verano · F

Ingredientes: ½ melón, 6 plátanos previamente pelados, cortados en trozos y congelados.

Brisa de verano · F

Ingredientes: 1 melón, raíz de jengibre (3 cm aprox.).

Vitaminas para el invierno · F

Ingredientes: 2 plátanos, el zumo de 2 naranjas.

Batidos verdes

Los batidos mixtos de fruta y hortalizas de hoja verde representan la solución ideal para quien no haya afinado su paladar para apreciar el gusto de los vegetales y que, sin embargo, desee aumentar el consumo de los mismos. En efecto, con la fruta podemos también batir hojas de espinacas, apio, lechuga o achicoria, maquillando así su sabor. Es un sistema que puede dar buenos resultados con los niños, siempre procurando que la cantidad de fruta sea mayor que la de hortalizas.

Algunas combinaciones posibles:
- Manzana, germinados, fresas
- Plátano, leche de almendras, espinacas
- Manzana, apio, naranja
- Achicoria, ciruelas secas, plátano
- Pera, perejil, caqui

Centrifugados

Con una centrifugadora pueden prepararse unos zumos riquísimos, con un color magnífico y, sobre todo, ¡extremadamente nutritivos! En especial, los zumos de verduras permiten introducir en la dieta muchas vitaminas y minerales esenciales cuando no se consiga consumir una cantidad suficiente de vegetales o cuando se necesiten aportes complementarios (por ejemplo, durante una convalecencia).

Para hacer centrifugados se necesita, obviamente, una centrifugadora capaz de separar las fibras vegetales de los zumos. La pulpa resultante del proceso de centrifugado no tiene que desecharse en absoluto: podemos utilizarla para hacer mascarillas tonificantes para el cutis, o bien para preparar otros platos, como *crackers*, galletas o croquetas.

Cooldown   F

Ingredientes: 1 racimo de uvas, 2 tallos de apio, hojas de menta fresca.

Energía pura   F

Ingredientes: 4-5 zanahorias, ½ limón, 1 manzana, 1 trozo de col lombarda de 2 cm de grosor, 1 trocito de raíz de jengibre fresca.

Ginger Ale   F

Ingredientes: raíz de jengibre fresco (3 cm aprox.), 6 manzanas verdes, agua (también con gas).

Sol de la mañana   F

Ingredientes: 4 manzanas, 1 trozo de raíz de jengibre, 1 limón, agua suficiente.

Sorbete ⬚F

Ingredientes: 2 melocotones, ½ melón, 2 manzanas, un puñado de hielo picado.

Uva y jengibre ⬚F

Ingredientes: 1 racimo de uva, 1 trozo de raíz de jengibre, 1 limón, agua suficiente.

Lunch time ⬚F

Ingredientes: 4 zanahorias, 2 pepinos, 2 tallos de apio, 1 nabo rojo, 2 naranjas.

Manzana – zanahoria ⬚F

• Desintoxicante
Ingredientes: 3 manzanas, 3 zanahorias, ½ apio nabo.

Bromelina ⬚F

Ingredientes: 1 piña

Cítricos ⬚F

Ingredientes: 3 naranjas, 3 pomelos, 4 mandarinas.

Regla ⬚F

Ingredientes: 2 manzanas, 2 peras.

Popeye $\boxed{F}$

Ingredientes: 2 puñados de espinacas, 1 limón, 4 zanahorias.

Rejuvenator $\boxed{F}$

Ingredientes: 1 puñado de perejil, 3 zanahorias, 2 tallos de apio, 1 diente de ajo.

Fresquísimo $\boxed{F}$

Ingredientes: 1 melón, 2 melocotones, 1 bandeja de fresas.

Primavera $\boxed{F}$

Ingredientes: 1 bandeja de fresas, 2 manzanas, 2 pomelos.

Leches vegetales

Para los que echan de menos un desayuno más «tradicional», o que se levantan por la mañana con mucho apetito, sugerimos empezar el día con leche vegetal, extraída de fruta oleosa o semillas, combinada con fruta o cereales. La receta de la famosa leche de almendras se encuentra en la página 114, junto con la receta del muesli. A continuación ofrecemos las instrucciones para elaborar leche de sésamo, recordando que con el mismo procedimiento podemos obtener leche de avellanas, de girasol o de semillas de cáñamo.

Leche de sésamo

 10 min

Ingredientes: 1 parte de semillas de sésamo (previamente remojadas en agua durante una noche) y 3 partes de agua, ½ taza de pasas (previamente remojadas en agua durante una hora).

- Batir los ingredientes y filtrar a continuación la pulpa del sésamo y las pasas. La leche que se extrae puede conservarse un par de días en la nevera.
- La pulpa puede utilizarse para preparar galletas.

Otras ideas

Casi yogur

 10 min

Ingredientes: 1 plátano congelado, el zumo de 1 naranja, 1 cucharada de mantequilla de almendra, 1 pizca de canela.

- Batir los ingredientes hasta obtener una mezcla cremosa, que puede comerse tal cual o bien añadiendo trocitos de fruta o pedacitos de chocolate crujiente (*véase* receta).

Yogur de almendras

 26h

Ingredientes: 2 tazas de almendras, agua pura.

- Poner las almendras en remojo en agua durante toda la noche, escurrirlas y dejarlas germinar 8 horas más.
- Enjuagarlas y batirlas con un poco de agua hasta conseguir una crema.
- Filtrar el compuesto utilizando una tela de trama no muy estrecha.
- Utilizar la pulpa para otras recetas (pasteles o albóndigas) y dejar fermentar el líquido a temperatura ambiente durante 8 horas.
- A continuación, enfriar durante un par de horas y separar el yogur que se habrá formado en la superficie del líquido.
- Servir el yogur con frutas o verduras como sabroso acompañamiento.

Crujientes de algarroba

F ⏱ 10 min + 10 h

Ingredientes: 1 cucharada de mantequilla de almendras, 2 plátanos, 3 cucharadas de algarroba en polvo, 4 dátiles sin hueso.

- Batir los ingredientes mezclados y untar la preparación resultante en la plancha del secador.
- Secar durante unas 10 horas.
- Romper en trozos este hojaldre para acompañar macedonias o «yogur» como si fueran cereales o chocolate.

🍴 Salsas y aliños ....

Las verduras crudas dan lo mejor de sí mismas si se sirven con el clásico aceite de oliva virgen extra y zumo de limón o vinagre de manzana. También la adición de zumo de naranja aporta un toque de frescura especial; por su parte, especias y hierbas aromáticas frescas o secas permiten lograr variaciones infinitas.

Si nos apetece algo insólito podemos probar unas salsas, que son excelentes para utilizar en crudo.

Las siguientes salsas se preparan de manera muy sencilla.

- Se trata de batir (siempre que no se indique lo contrario) los ingredientes indicados hasta conseguir unas preparaciones fluidas y cremosas para acompañar la verdura.

- También podremos añadir sal marina integral al gusto.

Salsa de setas

F ⏱ 10 min + 3 h

Ingredientes: ½ taza de almendras rehidratadas, 4 cucharas de boletus secos y rehidratados, 2 setas frescas cultivadas, ½ taza de agua, 1 diente de ajo, 2 cucharadas de *tamari*, pimienta negra molida.

- Esperar 3 horas para que se rehidraten las almendras y setas.

Salsa simple

 F 10 min

Ingredientes: 500 g de tomates maduros, 5 pimentones frescos, 1 cebolla, 1 diente de ajo, 2 cucharadas de copos de alga, comino, hierbas al gusto.

Salsa dulce picante

F 10 min + 1 h

Ingredientes: 4 cucharadas de mantequilla de almendra, ½ cebolla, 1 diente de ajo picado, 1 cucharada de zumo de limón, 1 cucharada de *tamari*, 2 dátiles remojados, 1 cucharadita de raíz de jengibre rallada, 1 cucharada de aceite de oliva virgen extra, pimentón, agua suficiente.

- Esperar 1 hora para la rehidratación de los dátiles.

Salsa verde

F  25 min

Ingredientes: La pulpa aplastada de 2 aguacates maduros, 2 tomates maduros picados, ½ pimiento rojo en rodajas muy finas, ½ pimiento verde cortado en rodajas muy finas, ½ cebolla cortada en rodajas muy finas, 1 diente de ajo picado, 1 cucharada de zumo de limón, 1 cucharada de *tamari*, 2 dátiles remojados, 1 cucharadita de raíz de jengibre rallada, 1 cucharada de aceite de oliva virgen extra, pimentón, sal.

- Mezclar con cuidado todos los ingredientes y conservar en la nevera.

Aliño cítrico

F 10 min

Ingredientes: ⅓ de zumo de limón, ⅓ de zumo de lima, ⅓ de zumo de naranja, 1 diente de ajo picado, hierbas frescas picadas, sal marina, 2 cucharadas de aceite de oliva virgen extra.

Mahonesa de aguacate

 F ⏱ 15 min + 1 h

Ingredientes: 2 aguacates, 2 cucharadas de aceite de oliva virgen extra, 3 dátiles remojados, 1 taza de anacardos u otras nueces, ½ taza de agua, vinagre de manzana, sal marina, mostaza.

- Esperar 1 hora para que se rehidraten los dátiles.
- Moler las nueces en el molinillo de café hasta conseguir una harina.
- Batir la pulpa de los aguacates junto con el aceite, la harina de nueces, los dátiles y el resto de ingredientes.
- Es una salsa excelente para acompañar tallos de apio, palitos de zanahoria y otras *crudités*.

Pesto

F ⏱ 10 min

Ingredientes: 4 ramilletes de albahaca fresca, 1 vaso de aceite de oliva virgen extra, 1 cucharada de piñones, 1 cucharada de semillas de calabaza, 2 dientes de ajo.

Salsa de verduras

 F ⏱ 10 min

Ingredientes: 2 tallos de apio, 2 zanahorias, ½ taza de *tahini*, 1 cucharada de zumo de limón, un puñado de perejil.

Acompañamiento cremoso

F ⏱ 10 min

Ingredientes: mantequilla de almendra o *tahini*, aceite de oliva virgen extra, agua, vinagre de manzana, *tamari*, pimentón, 1 diente de ajo picado.

Total zanahoria

 F ⏱ 10 min

Ingredientes: la pulpa sobrante del centrifugado de las zanahorias (aproximadamente 1 taza), 2 tallos de apio, 1 cebolla roja, 2 tomates, 2 aguacates maduros.

- Esta preparación es deliciosa como relleno para pimientos, hojas de lechuga o rollitos de alga nori.
- También se puede utilizar para elaborar unas albóndigas, que se secarán en el secadero especial durante al menos 18 horas

Harissa

Ingredientes: 250 g de pimentones frescos, 3 cucharaditas de semillas de comino, 2 cucharadas de cilantro, 1 cucharada de menta seca, 5 dientes de ajo, 1 cucharadita de sal, aceite de oliva virgen extra.

- Limpiar los pimientos, abrirlos y retirar las semillas.
- A continuación escurrirlos. Sin añadir aceite, picar con cilantro y comino, junto con el pimentón, el ajo, la menta y la sal.
- Añadir poco a poco el aceite y seguir batiendo hasta conseguir una salsa homogénea.

Aliño de cebolla

- Secar una cebolla cortada en trozos pequeños; una vez se hayan secado por completo, molerlos.
- Este polvo se utiliza para dar sabor a las ensaladas.

Aliño sabroso

- Secar y moler conjuntamente tomates, setas, apio y cebollas; añadir hierbas aromáticas al gusto, como orégano, cebolleta, sal y pimienta.

 Snacks

Montaditos de calabacín

F 20 min + 4-5 h

Ingredientes: 4 calabacines, el zumo de 1 limón, aceite de oliva virgen extra, ajo, albahaca, orégano.

- Picar el ajo con las hierbas, añadir aceite y zumo de limón.
- Cortar los calabacines en tiritas con el pelador de patatas y dejarlo marinar todo en la salsita durante unas horas.
- Se pueden saborear tal cual, colocarlas en el secadero durante 4 o 5 horas o enrollarlas alrededor de hojas de rúcula, fijándolas con un mondadientes.

Chips de calabacín

F 15 min + 8 h

Ingredientes: calabacines, hierbas aromáticas y/o sal marina integral.

- Cortar los calabacines en rodajas de 3 mm de grosor y colocarlas en el secadero hasta que estén crujientes (unas 8 horas).
- Previamente se pueden espolvorear con hierbas aromáticas y son excelentes remojadas en salsa guacamole.

Stone sushi

F 20 min

Ingredientes: ½ pimiento rojo cortado en juliana, 1 pimentón fresco picado, ½ aguacate cortado en tiras finas, 3 tomates secos cortados en cintas, hojas de algas nori, 2 cucharadas de *tamari* o *shoyu*.

- Colocar las verduras encima de la hoja de alga nori, dejando 2 cm de margen en los extremos, enrollarlo todo presionando y soldar los bordes de la hoja remojándolos con un poco de agua.
- Cortar el rollo en rodajas de 3 o 4 cm con un cuchillo de hoja afilada.
- Antes de degustarlo, podemos mojar el sushi en el *tamari*.

Hojaldre de tomate  10 min + 15 h

- Batir 6 tomates, 1 cebolla, sal, pimienta y zumo de limón.
- Repartir la preparación en la bandeja del secadero, secar hasta que esté sólido y sin humedad (unas 15 horas).
- El hojaldre puede cortarse en dados, se puede comer como *aperitivo* o bien utilizarse como base para pinchitos de patés variados y guacamole.

Ensaladas ....

Ensalada de endivias y cítricos 15 min

Ingredientes: 1 endivia, 1 pomelo, 2 naranjas, 1 plátano, 50 g de nueces.

- Separar las hojas de la endivia, limpiarlas, lavarlas y secarlas.
- Colocar el pomelo en un cuenco, pelarlo y retirar la pulpa reservando el zumo.
- Proceder del mismo modo con las naranjas.
- Cortar la endivia y colocarla en un cuenco para ensaladas.
- Cortar el plátano en rodajas muy finas, remojarlas en el zumo, escurrirlas y añadirlas a la ensalada, junto con la pulpa de la naranja y del pomelo y con las nueces.

Ensalada de naranjas y alcaparras gigantes 15 min

Ingredientes: 2 naranjas dulces bastante grandes, 1 puñado de alcaparras con sal, aceite de oliva virgen extra.

- Pelar las naranjas y cortarlas en rodajas muy finas, dividendo cada una en dos medias lunas.
- Colocarlas en un cuenco y añadir las alcaparras bien enjuagadas.
- Mezclar y aliñar con aceite de oliva.
- Servir enseguida.

Ensalada de lechuga y nueces

F ⏱ 15 min

Ingredientes: una lechuga, 2 cucharadas de anacardos picados, 2 cucharadas de nueces sin cáscaras y picadas, ½ cebolla pequeña, perejil fresco, zumo de limón, aceite de oliva virgen extra.

- Lavar y secar las hojas de lechuga.
- Cortarlas y colocarlas en un cuenco.
- Pelar la cebolla, cortarla en rodajas finas y dejarlas en agua fría durante unos 10 minutos.
- Añadir a la lechuga las nueces, los anacardos y el perejil.
- Agregar la cebolla bien seca y mezclar.
- Finalmente, aliñar con una vinagreta de aceite y zumo de limón.

Ensalada de endivia y achicoria
con aceite de pimienta

F ⏱ 15 min

Ingredientes: 1 endivia, 1 achicoria, 300 g de apio nabo, 4 pimientos, aceite de oliva virgen extra.

- Pelar y cortar el apio nabo en palitos muy finos.
- Mezclarlos a continuación con la endivia y la achicoria cortadas.
- Rociar con el aceite de pimiento, que elaboraremos de la forma siguiente: retirar las semillas y las partes blancas de los pimientos, cortarlos e introducirlos en la batidora hasta conseguir una mezcla homogénea. Pasar por un colador, eliminar los residuos y mezclar el jugo obtenido con aceite de oliva virgen extra.

Ensalada de lechuga y brotes

F ⏱ 15 min

Ingredientes: 100 g de espinacas cortadas, 4 lechugas troceadas, 1 pepino, 8 tomatitos, 80 g de brotes de judías, 80 g de brotes de lentejas, 50 g de brotes de soja.

Para aliñar: 60 ml de zumo de tomate, 1 cucharada de zumo de limón, 1 cucharada de aceite de lino, 1 diente de ajo, 60 ml de aceite de oliva virgen extra.

- Lavar y secar las espinacas y la lechuga.
- Mezclarlas en un cuenco.
- Añadir el pepino picado muy fino, los tomatitos cortados por la mitad y los brotes.
- Verter el aliño preparado lentamente por encima de las verduras y mezclar rápidamente todos los ingredientes.
- Servir fresca.

Ensalada de col

Ingredientes: ¼ de col blanca, ¼ de col lombarda, 6 nueces, 1 naranja, 4 cucharadas de aceite de oliva virgen extra, 1 cucharada de zumo de limón.

- Limpiar, lavar, secar y cortar las dos clases de coles por separado.
- Picar las nueces, pelar la naranja y separarla en gajos.
- Preparar a parte el aliño mezclando aceite, zumo de limón y zumo de naranja.
- Colocar la col blanca y la roja en una bandeja, esparcir las nueces picadas y decorar con algunos gajos de naranja.

Ensalada india

Ingredientes: 150 g de brotes frescos, 1 pimiento amarillo, 1 corazón de apio, 1 cebolla, 2 pimentones verdes dulces, 2 dientes de ajo, un ramito de perejil, ½ cucharadita de curry en polvo, el zumo de 1 limón, aceite de oliva virgen extra.

- Limpiar y cortar en dados todas las verduras.
- Picar el ajo, el perejil y la cebolla.
- Ponerlo todo en un cuenco con los brotes lavados.
- Aliñar con aceite, el zumo del limón y el curry.
- Mezclar bien y servir.

🍴 Pan y *crackers* . . . .

Las recetas que se describen a continuación necesitan un secadero o el cálido sol del verano.

Pan proteico

 F ⏰ 15 min

Ingredientes: 2 tazas de pulpa de almendras sobrantes de la elaboración de la leche de almendras, ½ taza de semillas de lino molidas, 4 cucharadas de aceite de oliva, hierbas aromáticas y sal al gusto.

- Mezclar bien los ingredientes y extender la masa en la bandeja del secadero (unas 15 horas).
- El pan estará listo cuando está sólido pero todavía húmedo.

Pan de dátiles a la canela

F ⏰ 10 min + 12 h

Ingredientes: 3 tazas de trigo germinado de 1 día, 1 taza de dátiles, canela, ½ taza de pasas.

- Batir los granos de trigo junto con los dátiles y añadir más tarde la canela y las pasas.
- Formar panecillos, que secaremos durante 5 o 6 horas por cada lado.

Crackers de centeno

 F ⏰ 10 min + 15 h

Ingredientes: 1 taza de trigo germinado, 1 taza de centeno germinado, *tamari* en abundancia, 2 dátiles, 1 cucharada de semillas de comino.

- Batir el centeno y el trigo y añadir los dátiles, el comino y el *tamari*.
- Extender la masa en el secadero, formando una capa fina y secarla hasta que esté crujiente (unas 15 horas).
- Se pueden crear muchas variantes añadiendo ajo, cebolla, hierbas aromáticas o especias al gusto.

Crackers de albahaca

F ⏱ 10 min + 8 h

Ingredientes: 4 tazas de pulpa de zanahoria sobrante del centrifugado, 1 diente de ajo picado, ½ taza de hojas de albahaca picadas, 2 tomates maduros troceados, 1 taza de almendras o de semillas de girasol, sal marina o *tamari*.

- Mezclar todos los ingredientes y formar una capa fina en las bandejas del secadero.
- Secar durante unas 8 horas.

Crackers a la *pizzaiola*

F ⏱ 10 min + 15 h

Ingredientes: 2 tazas de semillas de lino (rehidratadas en 2 tazas de agua durante 4 horas), ½ taza de tomates secos remojados y enjuagados, 1 diente de ajo, ½ pimiento, orégano al gusto.

- Batir los tomates secos junto con el ajo, el pimiento y el orégano.
- Añadir también las semillas de lino, que se habrán convertido en una masa gelatinosa; batirlo todo hasta conseguir una mezcla homogénea.
- Extender la preparación en las bandejas del secadero formando una capa de medio centímetro aproximadamente, utilizando, si fuera necesario, papel de horno como base.
- Secar hasta conseguir unos hojaldres crujientes (unas 15 horas).

Crackers de colores

F ⏱ 10 min + 4 h + 15 h

Ingredientes: 2 tazas de semillas de lino (rehidratadas en 2 tazas de agua durante 4 horas), 2 zanahorias, ½ pimiento amarillo, 1 cebolla, 1 calabacín, albahaca al gusto, ½ taza de semillas de girasol molidas con el molinillo de café, ½ taza de aceitunas negras deshuesadas.

- Batir las verduras y añadir las semillas de girasol y las semillas de lino, que habrán formado una masa gelatinosa.
- Una vez obtenida una masa homogénea, extender una capa de aproximadamente medio centímetro en las bandejas del secadero, utilizando, si fuera necesario, una hoja de papel para horno como base.
- Secar hasta conseguir unos hojaldres crujientes (unas 15 horas).

Crackers dulces

F ⏱ 10 min + 4 h + 15 h

Ingredientes: 2 tazas de semillas de lino (rehidratadas en 2 tazas de agua durante 4 horas), 2 plátanos, el zumo de 2 naranjas, 1 taza de pasas remojadas, vainilla o canela.

- Batir todos los ingredientes. Una vez formada una masa homogénea, extender una capa de aproximadamente medio centímetro en las bandejas del secadero utilizando, si fuera necesario, una hoja de papel para horno como base.
- Secar hasta conseguir unos hojaldres crujientes (unas 15 horas).

Crackers de semillas de lino

F ⏱ 10 min + 6 h + 8 h

Ingredientes: 2 tazas de semillas de lino, ½ pimiento rojo, 2 tomates, pimentón, tomates secos, aceitunas, orégano al gusto.

- Poner en remojo las semillas de lino con 2 tazas de agua durante al menos 6 horas.
- Batir la mezcla, que se habrá convertido en una masa gelatinosa, junto con los otros ingredientes.
- Extender una capa de aproximadamente un centímetro en las bandejas del secadero, y secar durante unas 8 horas.

Ⓨ Platos principales . . . .

Albóndigas de *tahini*

F ⏱ 30 min + 10 h

Ingredientes: 1 ½ taza de nueces, 1 ½ taza de nueces brasileñas, ½ taza de zumo de limón, 2 cucharadas de perejil, 2 cucharadas de *tahini*, 1 diente de ajo picado, 1 cucharadita de comino picado, 1 cucharada de sal marina integral.

- Rehidratar las nueces durante 15 minutos, escurrirlas y poner todos los ingredientes en la batidora.
- Añadir ½ taza de agua si fuera necesario.

- Elaborar unas pequeñas albóndigas con esta masa y colocarlas en el secadero durante 8-10 horas

Pimientos rellenos

 F ⏱ 10 min + 10 h

Ingredientes: 3 pimientos, 1 taza de almendras, 2 cucharadas de *tamari*, 1 diente de ajo, el zumo de ½ limón.

- Cortar por la mitad dos pimientos, quitarles las semillas y colocarlos en el secadero durante 3 horas.
- Batir, hasta conseguir una mezcla homogénea, el diente de ajo, el pimiento restante, las almendras, el zumo de limón y el *tamari*.
- Rellenar los pimientos, secados durante 3 horas, con la mezcla e introducirlo todo en el secadero durante 12 horas más.
- Si no se dispone de secadero rellenar los pimientos con la mezcla.

Pizza

M ⏱ 30 min + 15 h

Para elaborar esta sabrosa receta, que permite preparar un pan alternativo, son necesarios algunos instrumentos: el secadero, la batidora y un molinillo de café. Como alternativa al secadero se puede utilizar el horno a muy baja temperatura (no más de 40 °C) durante varias horas para no destruir las enzimas.

Ingredientes de la base: 2 tazas de semillas de lino molidas con el molinillo de café, 1 taza de almendras molidas, 1 taza de pimientos cortados en dados, 1 taza de pulpa de zanahoria batida, 1 taza de tomates secos, hierbas aromáticas al gusto (albahaca, orégano, ajo, cebolla), 1 cucharada de zumo de limón, sal suficiente, agua abundante.

Ingredientes para el condimento: 3 tomates frescos, 3 tomates secos, 3 dátiles, albahaca, orégano, ajo picado, aceitunas, rúcula, setas.

Para la base
- Poner durante 30 minutos en remojo los tomates secos y escurrirlos. Poner en la batidora los tomates, el pimiento y las hierbas aromáticas y batir hasta conseguir una mezcla homogénea.

- Añadir poco a poco las harinas de almendra y de semillas de lino y la pulpa de zanahoria necesaria para que la mezcla resulte blanda aunque no en exceso (como la masa del pan).
- Extender la preparación en la bandeja del secadero cubierta con papel de horno, formando una capa de un centímetro y medio.
- Secar durante 15 horas hasta que sea sólida pero no esté demasiado seca.

Para el condimento
- Condimentar la base de la pizza con una salsa de tomate elaborada batiendo los tomates frescos junto con los tomates secos y los dátiles.
- A continuación, decorar la pizza con albahaca, orégano, ajo, aceitunas, rúcula, setas u otras verduras y hierbas aromáticas al gusto.
- Comerla enseguida o volver a introducirla unas horas en el secadero antes de saborearla.

Albóndigas del huerto

F ⏱ 30 min + 8 h

Ingredientes: ½ kg de nueces (almendras, o bien avellanas o nueces) puestas en remojo durante toda la noche, ½ kg de zanahorias ralladas, 1 cebolla cortada fina, 1 cucharada de pasas, 1 cucharada de aceite de oliva virgen extra, 2-3 cucharadas de levadura en escamas, sal marina al gusto, hierbas aromáticas al gusto.

- Batir todos los ingredientes hasta formar una mezcla homogénea. Si no fuera lo bastante densa, añadir escamas de levadura o bien semillas de psilio o de lino en polvo.
- Dar forma a unas 10 albóndigas y espolvorearlas con pimentón antes de servirlas.
- Podemos añadir copos de algas para conseguir unas albóndigas al «sabor a mar».

Ensalada de cangrejo feliz

F ⏱ 10 min + 8 h

Ingredientes: 2 tazas de almendras (puestas en remojo previamente toda la noche), 3 tallos de apio cortados finos, 1 pimiento rojo cortado en dados, ½ cebolla roja cortada muy fina, 2 cucharadas de zumo de limón, 1 pizca de sal integral, 1-2 cucharaditas de copos de algas.

- Picar ligeramente las almendras con la batidora, añadir los otros ingredientes y mezclar bien.
- Agregar pimentón, si se desea.

Tallarines delicados

 M ⏱ 30 min

Ingredientes: 3 calabacines, 2 tazas de anacardos rehidratados durante 8 horas, 2 cucharadas de aceite de oliva, 3 dientes de ajo, sal marina integral, pimienta negra.

- Con un pelador de patatas, preparar unas tiras largas de calabacín, que constituirán los tallarines de la receta.
- Para la salsa, batir todos los otros ingredientes y añadir un poco de agua si fuera necesario, hasta formar una salsa para acompañar los tallarines. Ésta tiene que ser densa, porque los tallarines soltarán un poco de agua.
- Dejar reposar el plato una hora antes de servirlo.
- Antes de condimentarlos, podemos secar los tallarines una hora en el secadero; en este caso la salsa deberá ser más líquida.

Tallarines con setas

F ⏱ 25 min

Esta receta se la ha inventado Barbara Collini, una cocinera crudista magnífica y creativa.

Ingredientes: 2 calabacines, 1 puñado de boletus secos, 5 nueces, 1 higo seco, el zumo de 1 pomelo rosa, pimienta, sal, ajo en polvo, perejil, semillas de amapola, aceite de oliva virgen extra en abundancia, agua suficiente.

- Con un pelador de patatas, preparar unas tiras largas de calabacín, que pondremos en un tazón a marinar un par de horas con el zumo del pomelo rosa, una pizca de pimienta, perejil picado y semillas de amapola.
- Aparte, poner los boletus secos en agua caliente, enjuagarlos y batirlos junto con medio vaso de agua, las nueces, el higo seco, una pizca de ajo en polvo, una pizca de sal, pimienta y un poco de aceite de oliva virgen extra. Batirlo todo hasta obtener la consistencia de una crema.
- Sacar los calabacines del jugo de marinar (deben pasar al menos un par de horas), colocarlos en un plato y condimentarlos con la crema; añadir una pequeña parte del líquido de marinar.

Sopa hortelana

 F ⏱ 20 min

Ingredientes: 1 pimiento verde, 1 cebolla tierna muy fina, 1 calabacín fino, 2 tallos de apio blanco, 4 rabanitos, una ramita de albahaca, tomillo, 3 cucharadas de aceite de oliva virgen extra, un chorrito de *harissa*, 200 g de espinacas, 500 g de tomates maduros, zumo de limón, sal, pimienta.

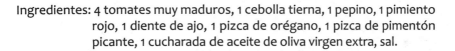

- Pelar los tomates y picarlos no muy finos; salpimentar, añadir unas hojas de albahaca desmenuzada y una cucharada de zumo de limón, mezclar y dejar reposar.
- Elegir las hojas más tiernas de las espinacas, tomándolas del centro de cada ramillete, lavarlas y cortarlas en juliana.
- Limpiar y lavar las otras hortalizas, cortar el pimiento en dados y la cebolla tierna en rodajas finas; rallar los calabacines, el apio y los rabanitos.
- Añadir las hortalizas al tomate, mezclar y condimentar con un poco de *harissa* (*véase* receta).
- Decorar con hojas de albahaca y tomillo y servir.

Sopa cruda

F ⏱ 20 min

Ingredientes: 4 tomates muy maduros, 1 cebolla tierna, 1 pepino, 1 pimiento rojo, 1 diente de ajo, 1 pizca de orégano, 1 pizca de pimentón picante, 1 cucharada de aceite de oliva virgen extra, sal.

- Lavar las hortalizas y trocearlas.
- Colocarlas en una batidora grande (o utilizar el minipimer en una olla), junto con el orégano, el pimentón, la sal y el aceite crudo.
- Batir hasta obtener una crema homogénea. Servir bien fría.

Sopa de melón

 F ⏱ 20 min

Ingredientes: 1 kg de tomates maduros, 1 melón, 1 cebolla tierna, 1 diente de ajo, 1 ramillete de perejil, 1 ramillete de menta, 1 ramillete de tomillo, 2 cucharadas de aceite de oliva virgen extra, sal y pimienta, pimentón (al gusto).

- Lavar y practicar unas incisiones en los tomates retirando las semillas.
- Batirlos con todos los aromas (1 min. vel. 3-9), rectificar de sal, añadir el aceite, una pizca de pimentón y pimienta negra.

- Cortar el melón, haciendo unas bolitas o en trozos, mezclarlo con la sopa de tomate y conservarlo en un lugar fresco.
- Servir muy frío.

Sopa de tomate

 F ⏲ 20 min

Ingredientes: 800 g de tomates en rama, 100 g de pimientos cortados en dados pequeños, 50 g entre cebolla tierna y pepino cortados muy finos, unas briznas de cebolleta, 2 cucharadas de aceite de oliva virgen extra, vinagre de manzana o zumo de limón, sal, pimienta.

- Pelar los tomates y cortarlos en cuatro trozos, eliminando las semillas.
- Picarlos sobre una tabla con un cuchillo grande.
- Poner la pulpa en un cuenco y añadir 1 dl de agua helada.
- Agregar a los tomates las hortalizas cortadas en trozos pequeños, añadir por último también la cebolleta cortada, el aceite y un chorrito de vinagre.
- En el momento de servir, mezclar bien la sopa y salpimentar.

🍴 Recetas del mundo ....

Recetas publicadas en The Raw Food Diet Revolution, y cedidas amablemente por Cherie Soria.

Especialidades mexicanas

Tortillas de maíz
M ⏲ 30 min + 8 h

Ingredientes: 4 tazas de pimiento amarillo en trozos (unos 4 pimientos), 6 panochas frescas desgranadas (3 tazas), 1 calabacín medio pelado y cortado en trocitos (1 taza), 1 cucharada y media de levadura alimentaria en escamas, 1 cucharada de zumo de limón, ½ cucharadita de sal marina integral, la pulpa de 1 aguacate aplastado con un tenedor, 3 cucharadas de psilio en polvo.

- Con la ayuda de una batidora potente, batir el pimiento, el maíz, el calabacín, la levadura, el zumo de limón y la sal, hasta conseguir una mezcla homogénea.
- A continuación, añadir el aguacate y batir de nuevo; a lo largo del proceso, introducir también el psilio en polvo en el aparato.
- Preparar las tortillas utilizando media taza de la mezcla para cada una: con una espátula, extender la masa de forma circular en una hoja de papel de horno o directamente en la bandeja del secadero. Cada disco debería medir unos 16 cm de diámetro y no debería permanecer en contacto con los demás discos. Se aconseja prepararlos rápidamente porque la mezcla tiene tendencia a endurecerse con rapidez.
- Secar durante 4 horas o bien hasta que los discos se despeguen fácilmente del papel de horno.
- Dar la vuelta a las tortillas y apilar los discos separados por el papel de horno para aplanarlos más.
- Secar durante 3 o 4 horas más: tienen que quedar secos y a la vez flexibles.
- Pueden conservarse en un recipiente hermético durante dos semanas en la nevera, o bien en el congelador durante dos meses.

Guacamole

F ⏰ 15 min

Ingredientes: 2 aguacates pelados, ½ taza de cebolla cortada fina (*véase* nota), 2 cucharadas de zumo de lima, 1 diente de ajo majado, ½ cucharadita de sal integral, 1 pizca de guindilla (*véase* nota).

- Aplastar la pulpa del aguacate.
- Añadir la cebolla, el zumo de limón, el ajo, la sal y la guindilla y mezclar con suavidad.
- Reservar en la nevera en un recipiente hermético durante 8 horas.

Nota: para conseguir un sabor más delicado, la cantidad de cebolla puede reducirse a dos cucharadas. Como alternativa, podemos utilizar cebolleta. También podemos sustituir la guindilla por ¼ de cucharadita de guindilla fresca sin semillas y picada.

Variaciones
- Para que resulte menos cremoso y homogéneo podemos cortar un aguacate y añadir las rodajas a la pulpa aplastada de los otros frutos.
- Otras variaciones posibles contemplan la adicción de cilantro fresco, una pizca de comino en polvo o tomates picados.

Salsa fresca

F ⏰ 10 min

Ingredientes: 2 tomates grandes a los que se les habrá retirado las semillas y picados, 1 cebolla tierna cortada fina, ½ guindilla fresca picada o bien 1 pizca de guindilla, 1 diente pequeño de ajo majado, ½ cucharadita de sal marina integral, 1 cucharadita de cilantro fresco picado.

- Mezclar todos los ingredientes y remover con suavidad.
- Reservar en un bote de cristal bien cerrado en la nevera hasta dos días.

Col a la mexicana

F ⏰ 15 min + 2 h

Ingredientes: 1 ½ taza de coliflor cortada (aproximadamente la mitad), ¼ de taza de guisantes frescos, 2 cucharadas de tomates secos en polvo (*véase* receta), 1 cebolleta verde cortada muy fina, ½ cucharada de aceite de oliva virgen extra, ½ cucharada de semillas de lino, ¼ de cucharadita de guindilla mexicana en polvo, ½ cucharadita de sal marina integral, ¼ de cucharadita de comino en polvo, ¼ de cucharadita de cebolla en polvo, ½ diente de ajo majado, ½ tomate en trozos.

- Batir ligeramente la col en la batidora hasta que la masa adquiera una consistencia de arroz.
- Añadir los guisantes, los tomates secos en polvo, la cebolleta, el aceite, la guindilla, el comino, la sal, el ajo, el perejil y el tomate y mezclar suavemente.
- Dejar reposar en el secadero, entre 30 minutos y dos horas, al gusto, o bien en el horno previamente calentado y apagado.
- Servir inmediatamente.

Polvo de tomates secos

F (●) 10 min

Ingredientes: 1 ½ taza de tomates secos (aproximadamente 80 g.)

- Con la ayuda de un robot de cocina potente moler los tomates.

Nota: como alternativa podemos utilizar una batidora normal, pero en este caso habrá que sustituir ⅓ de taza de tomate en polvo por ½ taza de tomates secos rehidratados y ⅓ de taza de agua. Batir los vegetales rehidratados hasta conseguir una mezcla cremosa, que se añadirá a las otras preparaciones.

Burritos mexicanos

F (●) 40 min

Ingredientes: la pulpa aplastada de 1 aguacate, 1 pimiento rojo al que se le habrán retirado las semillas y cortado en daditos, 1 calabacín pequeño cortado en trocitos, 1 tomate troceado, ⅛ de col cortada fina (1 ¼ de taza), ¼ de pepino cortado en dados, ¼ de taza de maíz fresco o congelado (*véase* nota), 2 cucharadas de cilantro fresco picado, 1 cebolleta verde cortada en láminas, ¼ de cucharadita de salsa hot Lava (*véase* receta), ¼ de cucharadita de sal marina integral, las hojas de una lechuga o 6 tortillas de maíz (*véase* receta), para elaborar los burritos.

- Mezclar en una ensaladera grande el aguacate, el pimiento, el calabacín, el maíz, el coriandro, la cebolleta, la salsa picante y la sal.
- Colocar una cucharada de la mezcla en cada hoja de lechuga y servir inmediatamente.

- Conservar la pasta sobrante en un recipiente hermético en la nevera durante un máximo de 12 horas.

Nota: podemos tener maíz dulce de reserva siempre disponible en el congelador, simplemente extrayendo los granos de la panocha fresca con un cuchillo. Con el proceso de congelación se reduce el volumen del maíz, por tanto, en las recetas habrá que utilizar siempre un poco más respecto a la cantidad de maíz fresco indicada. El maíz se conserva en el congelador durante dos o tres meses.

Especialidades de Oriente medio

Dolmas (hojas de vid rellenas)

 E 90 min

Ingredientes:

Hojas: 18 hojas de parra, 1 taza de agua caliente, 1 cucharada de sal marina integral.

Salsa: ¼ de taza de zumo de naranja, ¼ de taza de aceite de oliva virgen extra, 1 cucharada de zumo de limón, ½ cucharadita de sal marina integral, ½ cucharadita de zumo de caña de azúcar evaporado, 1 diente de ajo majado.

Relleno: 2 calabacines medianos, cortados en juliana (lo ideal sería utilizar una mandolina), ¼ de cucharada de sal marina integral, ¼ de taza de piñones troceados, 1 ½ cucharada de perejil picado, 1 ½ cucharada de hinojo fresco picado, 1 cucharada de cebolleta fresca picada, 1 cucharada de aceite de oliva virgen extra, 1 cucharada de aceite de semillas de lino, 1 cucharada de pasas picadas, 1 cucharada de zumo de limón, ½ cucharadita de orégano fresco picado, ½ cucharadita de pimentón, ¼ de cucharadita de sal marina integral, 1 diente de ajo majado.

Si las hojas de parra son frescas
- Sumergirlas durante 1 hora en agua muy caliente (pero no hirviendo) salada.
- Con una servilleta de papel secar bien las hojas después de escurrirlas.

Si las hojas de parra no son frescas, sino envasadas
- No tienen que someterse a ningún tratamiento.
- Para abrir las hojas envasadas hay que sacarlas con cuidado de su envoltorio, girándolas suavemente.
- A continuación hay que limpiarlas, enjuagarlas con cuidado y ponerlas en remojo en agua fría durante unos minutos.
- Enjuagarlas con cuidado y secarlas delicadamente con servilletas de papel.

Si se utilizan hojas vegetales frescas como alternativa, como las hojas de col
- Cortar parcialmente la nervadura central y reducir su grosor con unas tijeras de cocina. No intentar eliminar la nervadura de la hoja.
- Con una servilleta de papel secar bien las hojas. Cortar la hoja por la mitad en sentido transversal.

Para la salsa
- En un tazón, mezclar el zumo de naranja, el aceite de oliva, el zumo de limón, la sal, el zumo de la caña de azúcar y el ajo.
- Sumergir las hojas en la salsa hasta cubrirlas completamente.
- Colocarlas en una bandeja de cristal y dejarlas marinar.

Para el relleno
- Con un cuchillo, cortar una juliana de verduras en trozos del tamaño de granos de arroz.
- Salar los calabacines, mezclar con cuidado y dejar reposar 5 minutos. Escurrir el agua que desprenderán los calabacines y reservarla, si se desea para una sopa o para hacer un aliño para ensaladas.
- Añadir a los calabacines todos los ingredientes restantes mezclando con cuidado y durante no demasiado tiempo para no estropear los calabacines.

- Para elaborar 1 *dolma,* colocar la hoja de parra o el triángulo de hoja de col en una superficie plana.
- Llenar cada hoja con una cucharada de relleno, colocándolo en el centro y doblar los bordes laterales hacia el centro. Doblar el tercer lado del triángulo hasta cubrir el rollito, e introducir la punta debajo del relleno formando un paquetito. Repetir la operación con todas las hojas.
- Colocar los *dolmas* juntos en una bandeja de cristal.
- Verter la salsa restante encima de los rollitos.
- Sírvanse ligeramente tibios, o bien fríos, o a temperatura ambiente. Para calentarlos un poco, cubrir los *dolmas* y colocarlos en el secadero de

30 minutos a 2 horas, o bien en un horno precalentado y apagado, durante 30 minutos.

- Se conservan en un recipiente hermético, en la nevera, durante un par de días.

Tapenade de aceitunas negras

 F ⏱ 10 min

Ingredientes: 1 taza de aceitunas secadas al sol o de aceitunas deshuesadas, ½ taza de nueces, puestas en remojo y posteriormente secadas, 3 cucharadas de alcaparras, 1 cucharada de aceite de oliva virgen extra, 2 cucharaditas de zumo de limón, ½ cucharadita de orégano seco (*véase* nota), ¼ de cucharadita de tomillo seco (*véase* nota), ¼ de cucharadita de albahaca seca (*véase* nota)

- Batir las aceitunas junto con las nueces. La mezcla no tiene que quedar demasiado homogénea.
- Añadir las alcaparras, el aceite de oliva, el zumo de limón, el ajo, el orégano, el tomillo y la albahaca y batir un poco más, dejando la pasta con grumos y ligeramente pegajosa.
- Se conserva en un bote de cristal bien cerrado, en la nevera, durante no más de un mes.

Nota: para picar las hierbas secas, utilizar un mortero y una mano de mortero o desmenuzarlas con los dedos, hasta conseguir un polvo no demasiado fino.

Tapenade de tomates secos

F ⏱ 20 min + 3 h

Ingredientes: ½ taza de tomates secos (40 g) rehidratados en 70 ml de agua durante 3 horas, el agua del remojo, si se quiere, ½ tomate grande, sin semillas y troceado, 2 cucharadas de piñones, 1 ½ cucharada de cebolla roja troceada, 1 dátil deshuesado, 2 hojas frescas de albahaca cortadas en tiritas muy finas (*véase* chiffonade), ¼ de cucharadita de sal marina integral, 1 diente de ajo majado, ⅛ de cucharadita de orégano seco.

- Batir todos los ingredientes, pero no demasiado tiempo, ya que la mezcla no tiene que quedar demasiado homogénea.
- Si fuera necesario, añadir unas gotas del agua de remojo de los tomates.
- Se conserva en un recipiente hermético, en la nevera, hasta 4 días.

Humus de calabacín

M 🕐 30 min + 4 h

Ingredientes:

> *Humus:* ½ calabacín pelado y troceado, 1 cucharada y ½ de zumo de limón, 1 ½ cucharada de aceite de oliva virgen extra, 2 dientes de ajo, ½ cucharadita de pimentón, ½ cucharadita de sal marina integral, ⅓ de cucharadita de comino molido (opcional), 1 pizca de guindilla en polvo, 3 cucharadas de *tahini*, 3 cucharadas de semillas de sésamo rehidratadas durante 4 horas, enjuagadas y escurridas.

> Guarnición: ¼ de lechuga, ¼ de taza de tomates en trocitos, ¼ de taza de germinados de alfalfa.

- Para el *humus*: poner todos los ingredientes, con la excepción del *tahini* y de las semillas de sésamo, en una licuadora potente y batirlos.
- Añadir el *tahini* y las semillas de sésamo; licuar hasta conseguir una mezcla cremosa.
- Servir en hojas de lechuga con los tomates y los brotes.
- Se conserva en un recipiente hermético, en la nevera, hasta un máximo de 4 días.

Horiatiki (ensalada griega)

F 🕐 20 min

Ingredientes. 2 cucharadas de aceite de oliva virgen extra, 1 cucharada de zumo de limón, 1 cucharadita de orégano seco molido (*véase* nota), ½ cucharadita de sal marina integral, guindilla seca molida, ½ kg de tomates cortados en trozos (5 tomates medios), 300 g de pepinos, sin semillas y en rodajas (1 pepino grande), ½ pimiento rojo, cortado en cuartos y tiras (½ taza aproximadamente), ¼ de cebolla roja, cortada en finas rodajas, 1 lechuga, ½ taza de aceitunas griegas gigantes deshuesadas, ½ taza de queso feta de almendras (*véase* receta, opcional).

Esta tradicional ensalada popular griega representa una sencilla y a la vez sabrosa adición a toda comida. La suavidad refrescante de los tomates, tan ricos en vitaminas, brinda un agradable contraste con el sabor rico y cargado de las aceitunas, la textura crujiente de pimientos y pepinos y la calidez aromática del orégano. Representa un excelente complemento para los *dolmas* y el *humus* de calabacín (*véase* recetas).

- Mezclar el aceite de oliva, el zumo de limón, el orégano, la sal y el pimentón en un cazo.
- Añadir los restantes ingredientes, con la excepción del queso, y mezclar.
- Servir enseguida esparciendo el queso desmenuzado sobre la ensalada.

Nota: también pueden servirse las verduras en una base de lechuga en lugar de mezclarlas con el resto.

Nota: para picar las hierbas secas hay que utilizar un mortero o desmenuzarlas con los dedos para que el polvo resultante no sea demasiado fino.

Queso feta de almendras

 E ⏱ 30 min + 12h

Ingredientes : 1 ½ taza de almendras remojadas en agua caliente durante 5 minutos y peladas, 1 taza de Rejuvelac (*véase* receta) o bien una taza de agua y ¼ de cucharadita de probióticos en polvo (*véase* nota), 2 cucharaditas de *miso* ligero, 2 cucharaditas de levadura en copos, ¼ de cebolla roja picada, 1 pizca de nuez moscada, 1 pizca de pimienta blanca, 1 pizca de sal marina integral.

- Batir todos los ingredientes en la licuadora, añadiendo también Rejuvelac si fuera necesario, hasta conseguir una mezcla homogénea y cremosa.
- Cubrir un colador con una gasa estéril de malla muy fina, de una medida superior a la base del colador.
- Poner el colador encima de una bandeja, para recuperar el líquido que pasará por la gasa.
- Verter el queso en el colador y doblar los bordes de la gasa sobre la mezcla.
- Dejar reposar en un lugar caliente y dejar fermentar el queso durante unas 8-12 horas (si hace mucho calor, el tiempo de fermentación será inferior).
- Al cabo de 2 horas, colocar un peso encima del queso para facilitar la expulsión del líquido sobrante (un peso ideal y no excesivo podría ser, por ejemplo, una taza llena de cereales).
- En cuanto el queso esté listo, dejarlo en la nevera dentro de un recipiente hermético durante 24 horas, envuelto en la gasa, ya que seguirá desprendiendo el agua sobrante.
- Conservar en un recipiente hermético en la nevera durante una semana como mucho.

Nota: el Rejuvelac puede reemplazarse por agua y añadir fermentos probióticos en polvo.

Rejuvelac M 4 días

Ingredientes: ¼ de taza de trigo tierno, ¼ de taza de cebada, agua pura.

- Poner los cereales en un recipiente de cristal que tenga una capacidad de al menos 3 litros, y añadir 1 litro de agua.
- Con un tamiz de plástico de malla más fina que el tamaño de los granos (puede encontrarse en las tiendas de utensilios para la cocina), tapar el recipiente asegurándolo por los lados con una goma.
- Dejar los cereales en remojo toda la noche.
- Por la mañana, escurrir y enjuagar los cereales sin sacar la malla.
- Dejar germinar las semillas durante dos días, escurriéndolas y enjuagándolas dos veces al día con agua pura.
- Rellenar el recipiente con 2 litros de agua pura y dejar fermentar los cereales durante un período de 36-48 horas (según la temperatura de la estancia – *véase* nota), o hasta que la fermentación haya producido una bebida con el sabor deseado (*véase* nota).
- Verter el Rejuvelac en un recipiente y conservar en la nevera.
- Para preparar más Rejuvelac, llenar el recipiente con los cereales y 2 litros más de agua pura; dejar fermentar durante 24 horas y a continuación filtrar el Rejuvelac.
- Para elaborar más Rejuvelac, por tercera vez, volver a llenar el recipiente con 2 litros más de agua pura, dejar fermentar 24 horas y filtrar. Desechar los cereales.
- Conservar en un recipiente de cristal bien cerrado durante dos días.

Especialidades asiáticas

Asian Slaw F 15 min

Ingredientes: ½ repollo cortado en tiras finas rebanadas (5 tazas), 2 cucharadas de zumo de limón, 1 cucharada de aceite de sésamo.

Aderezo: ½ taza de mahonesa de anacardos (*véase* receta) o de mahonesa de coco (*véase* receta), 1 cucharada de mostaza picante (*véase* receta), 1 cucharadita de *miso* claro, 1 cucharadita de *tamari*, ½ cucharadita de salsa Hot lava (*véase* receta), ¼ de cucharadita de aceite de sésamo, ½ taza de semillas de sésamo, 2 hojas de alga nori, cortadas en tiras muy finas.

- Mezclar en un cuenco la col con el zumo de limón y el aceite de sésamo.
- En otro cuenco, remover la mahonesa, la mostaza, el *miso*, el *tamari*, la salsa Hot Lava y el aceite de sésamo.
- Añadir el aliño a la col y mezclar con esmero.
- Espolvorear el conjunto con semillas de sésamo y las tiras finas de alga nori.
- Enfriar en la nevera al menos 5 horas o, mejor, toda la noche.
- Se conserva en un recipiente hermético, en la nevera, hasta dos días.

Arroz pilaf salvaje asiático

M ⏲ 40 min + 24 h

Ingredientes: ½ taza de arroz salvaje, 2 tazas de agua, 1 tallo de apio pequeño en rodajas, ½ cebolleta verde en rodajas muy finas, 1 zanahoria pequeña en trocitos (¼ de taza), 1 ½ cucharada de semillas de sésamo, 1 ½ cucharada de cilantro fresco picado, 2 setas *shiitake* en rodajas, 1 cucharadita de cebolla en polvo, 1 diente de ajo picado, ½ cucharadita de zumo de limón, 1 ½ cucharadita de aceite de sésamo, 1 cucharadita de *tamari*, ¼ de cucharadita de *miso* claro, ¼ de cucharadita de salsa Hot lava (*véase* receta).

- Enjuagar el arroz salvaje y ponerlo en remojo en un litro de agua.
- Cubrir el recipiente con el arroz y colocarlo en la secadora durante 24 horas, para que se ablande y germine.
- Escurrir el arroz, verterlo en una ensaladera grande, y añadir el apio, la cebolleta verde, la zanahoria, las semillas de sésamo, el cilantro, las setas, la cebolla en polvo y el ajo. Mezclar bien.
- En otro recipiente, remover el zumo de limón con el aceite, el *tamari*, el *miso*, y la salsa Hot Lava.
- Añadir la salsa resultante al arroz y mezcar bien los ingredientes.
- Servir enseguida. Se conserva en la nevera en un recipiente hermético hasta 4 días.

Salsa Hot Lava

F ⏲ 10 min

Ingredientes: 1 pimiento rojo en dados, ¼ de taza de cebolla roja en trozos, 1 ½ cucharada de zumo de limón, 1 cucharada de pimentón, 1 guindilla picada con las semillas, 1 cucharadita de zumo de caña evaporado, ½ cucharadita de sal marina integral, 1 diente de ajo.

- Licuar todos los ingredientes hasta obtener una salsa.
- Se conserva en un bote de cristal bien cerrado en la nevera hasta tres días.

Teriyaki de verduras, sin freír

Ⓜ ⏰ 1 h + 2 h

Para marinar
- Licuar todos los ingredientes, sin excederse.
- Colocar la piña en un plato cubriéndola con la mezcla obtenida, mezclar y dejar reposar a temperatura ambiente. Mientras tanto, preparar las otras hortalizas.

Para las verduras
- Cortar las verduras según se indica.
- Ensartar 4 o 5 dados de piña en los pinchos.
- En una ensaladera grande, mezclar las verduras y el aliño.
- Verterlo todo en un recipiente de cristal y colocarlo a continuación en la secadora de 30 minutos a 2 horas.
- Poner también los pinchos de piña en la secadora una o dos horas.
- Servir los pinchos tibios encima de las verduras.
- Las sobras de piña y verduras pueden secarse completamente durante 24 horas para convertirlos en crujientes tentempiés.

Nota: la mezcla para marinar sobrante puede utilizarse como base para otras salsas o como aliño para ensaladas. Se conserva en un recipiente de cristal perfectamente cerrado, en la nevera, hasta dos semanas.

Ingredientes:

Marinada *teriyaki*: ¼ de taza de *tamari*, ¼ de taza de aceite de sésamo, 2 cucharadas de zumo de caña evaporado, 1 ½ cucharada de zumo de limón, 1 cucharada de cebolla en polvo, 1 cucharada de jengibre fresco rallado, ¼ de cucharadita de guindilla, 3 dientes de ajo majados, ¼ de piña, pelada y cortada en dados pequeños.

Verduras: ¼ de taza de tirabeques cortados por la mitad en sentido longitudinal, ¼ de taza de setas shiitake en láminas (de 3 mm), ¼ de taza de tallos en rodajas finas, ¼ de taza de brotes de soja, ½ taza de brócolis, tronco y ramitos, en trocitos pequeños, ½ pimiento rojo en juliana, ½ taza de apio en lonchas transversales, ¼ de cebolla roja en juliana fina, ½ zanahoria en juliana fina, 6 pinchos de 15 cm.

Sushimaki de verduras
con pasta de *miso* con especias   M ⏱ 40 min

Ingredientes:

> Pasta de *miso* con especias: 2 cucharadas de *miso* oscuro, ¼ de cucharadita de salsa Hot Lava (*véase* receta) o 1 punta de cuchillo de guindilla en polvo, 1 cucharadita de aceite de sésamo (opcional).

> Sushimaki: 6 hojas de alga nori, 6 tazas de germinados de alfalfa, 1 ½ aguacate pelado y cortado en lochas muy finas, 1 pimiento rojo en juliana, ½ pepino sin semillas y cortado en juliana, 1 zanahoria troceada, 6 cucharadas de *tamari*, 1 cucharada de *wasabi*, diluido con un poco de agua formando una masa densa, 2 cucharadas de semillas de sésamo.

Para la pasta de *miso*
- Mezclar el *miso*, la salsa Hot lava y el aceite de sésamo.

Para el *sushimaki*
- Extender una hoja de nori en el mantelito de bambú para sushi con la cara brillante hacia abajo.
- Con una pequeña espátula, untar la hoja con 1 cucharadita de pasta de *miso*.
- Colocar germinados, de alfalfa en una cara de la hoja de nori. Encima de los germinados disponer unas rodajas de aguacate, pimiento, pepino y zanahoria.
- Enrollar el sushi: levantar el lado de las verduras junto con el mantelito, procurando al mismo tiempo aplastar un poco el relleno.
- Utilizando el mantelito para mantener compacto el sushi, seguir enrollándolo.
- Por último, cerrar el rollito humedeciendo ligeramente el borde con un poco de agua.
- Cortar el rollo en 8 piezas utilizando un cuchillo muy afilado.
- Repetir el proceso con las restantes hojas de nori.
- Servir enseguida con *tamari* y/o *wasabi*; decorar con semillas de sésamo al gusto.

Ensalada de pepinos Sunomono 30 min

Ingredientes: 500 g de pepinos pelados y cortados en rodajas muy finas, ½ cucharada de sal marina integral, 2 cucharadas de zumo de lima, ½ cucharada de jarabe de agave, ½ cucharadita de *tamari*, ¼ de cucharadita de semillas de sésamo.

- Sazonar los pepinos con sal y dejar reposar 20 minutos.
- Escurrir los pepinos eliminando el líquido sobrante.
- Añadir el zumo de lima, el jarabe de agave y el *tamari*, mezclar bien. Dejar marinar durante 2 horas en la nevera.
- Espolvorear con las semillas de sésamo y servir.
- Conservar en un recipiente hermético en la nevera durante 12 horas.

Especialidades del norte de Europa

Chucrut 10 min

Ingredientes: 1 colinabo cortado muy fino (10 tazas), 1 cucharadita de sal marina integral.

- En una ensaladera de gran capacidad, añadir la sal a la col mezclando con las manos: manipular con suavidad hasta que la col empiece a soltar agua.
- Dejar reposar unos diez minutos y volver a amasar.
- Repetir varias veces esta operación para que la col suelte sus jugos.
- Colocar la col en un recipiente de cristal ancho, apretándola para que salga el aire y hasta que el líquido cubra por completo la verdura.
- Cubrir el recipiente con un plato o un cuenco colocando encima un peso. Taparlo con un trapo limpio.
- Dejar fermentar el *chucrut* en un lugar fresco y seco entre 3 y 14 días, en función de la acidez que se desee.
- Una vez preparado, puede conservarse varios meses en un bote de cristal cerrado herméticamente en la nevera.

Variantes :
- Si se quiere reducir o eliminar la sal, podemos centrifugar la mitad de la col, añadiendo a continuación tanto el jugo como la pulpa a la otra mitad cortada en tiras muy finas. De esta forma se aumenta el líquido de fermentación.

113

- Añadir tiras de otras verduras crudas, como zanahorias, nabos y brócolis.
- Incorporar hierbas aromáticas, zumo de limón, ajo, hinojo.

Muesli de alforfón

 F 🕐 10 min

Ingredientes: 1 ½ taza de granos de alforfón germinados (*véase* nota), ¼ de taza de dátiles deshuesados, ¼ de taza de semillas de girasol rehidratadas durante 6 horas, enjuagadas y escurridas, ¼ de taza de semillas de sésamo rehidratadas durante 6 horas, enjuagadas y escurridas, ¼ de taza de semillas de calabaza rehidratadas durante 6 horas, enjuagadas y escurridas, ¼ de taza de semillas de lino en polvo, agua pura, ½ cucharadita de canela, 2 cucharaditas de pasas, 2 cucharaditas de nueces troceadas, 1 manzana en trocitos.

- Licuar los dátiles, el alforfón, las semillas de calabaza, el sésamo y el girasol con suficiente agua para obtener una crema homogénea.
- Servir con las pasas, las nueces y la manzana, y espolvorear todo con canela.
- Si se desea, se puede añadir también leche de almendras (*véase* receta).
- Se puede conservar un día en la nevera.

Nota: no hay que confundir el alforfón integral con el tostado, que en la tradición de Oriente Medio recibe el nombre de *kasha*.

Nota: para hacer germinar el alforfón hay que poner en remojo los granos durante toda la noche. Después hay que escurrirlos y colocarlos en un colador encima de un plato. Deberán germinar entre 12 y 24 horas, enjuagando cada 12 horas.

Leche de almendras

 F 🕐 10 min + 8h

Ingredientes: 1 ½ taza de agua, ½ taza de almendras dejadas en remojo toda la noche, enjuagadas y escurridas, ¼ de cucharadita de extracto de vainilla, 2 o 3 dátiles deshuesados (*véase* nota).

- Licuar todos los ingredientes con una licuadora potente.
- Para separar la leche de la pulpa de las almendras, filtrar utilizando una muselina. Reservar la pulpa.
- Servir a temperatura ambiente o bien fresco.

- La leche se puede conservar en la nevera hasta cuatro días en una botella de cristal bien cerrada.
- La pulpa sobrante se puede reservar en un recipiente hermético en el congelador hasta cuatro meses. Sirve para hacer pan, tostaditas, galletas o dulces.

Nota: la cantidad de dátiles varía según su tamaño y el dulzor. Si se utilizan dátiles gigantes, 2 serán suficientes.

Kuchen de zanahoria y piña

M ⏱ 80 min

Ingredientes:

Glaseado con crema de anacardos: ¼ de taza de anacardos al natural, ⅓ de taza de agua, 3 cucharadas de jarabe de agave, ¼ de cucharadita de extracto de almendras.

Kuchen: 700 g de manzanas (unas 4) en trozos, 1 taza de dátiles troceados, 115 g de manzanas secas molidas (véase nota), 115 g de piña seca molida (véase nota), 3 tazas de zanahorias ralladas (unas 4), ½ taza de coco rallado, más 2 cucharadas para la decoración, 2 cucharaditas de canela, ¼ de cucharadita de nuez moscada.

Para el glaseado
- Licuar todos los ingredientes durante mucho tiempo. Enfriar la crema durante 1 hora en la nevera.

Para el kuchen
- Escurrir las manzanas con las manos para sacar el exceso de agua, reservando el zumo para otros usos.
- Mezclar las manzanas en un cuenco con los dátiles, la manzana seca, la piña seca, las zanahorias, el coco, la canela y la nuez moscada.
- Licuarlo todo, pero sin excederse.
- Verter la mezcla en una bandeja, compactándola bien y dejarla enfriar en la nevera durante al menos 1 hora.
- Colocar el pastel dándole la vuelta en un plato de servicio, recubrirlo con el glaseado y decorarlo con el coco.
- Puede conservarse en un recipiente hermético, en la nevera, durante un máximo de 3 días.

Nota: para preparar las manzanas o la piña secas y molidas, cortar previamente la fruta en trocitos con unas tijeras y a continuación licuar en el robot de cocina.

Variante:

- Añadir una taza de pasas a la mezcla antes de verterla en la bandeja.
- Reemplazar la piña y por la misma cantidad de manzana seca.

Borscht cremoso

M ⏱ 2 h

Ingredientes:

Borscht: 1 taza de zumo de achicoria roja, 1 taza de crema de almendras densa (*véase* receta), ½ taza de zumo de naranja, 1 cucharada de zumo de limón, 1 cucharada de *miso* claro, ½ cucharada de zumo de jengibre (*véase* receta), 1 tallo de apio en trocitos, 1 cucharadita de cebolla en polvo, 1 pizca de guindilla.

Crème Fraîche de anacardos: ½ taza de anacardos al natural remojados de 1 a 3 horas y escurridos, ¼ de taza de agua, 2 cucharadas de zumo de limón, ½ cucharadita de cebolla en polvo, ¼ de cucharadita de ajo en polvo, ¼ de cucharadita de sal marina integral, 1 dátil deshuesado.

Concasse: ½ taza de manzana rallada, ½ taza de pepino rallado, 1 cucharada de cebolleta verde picada, 1 cucharada de guindilla.

Para el *Borscht*

- Mezclar los ingredientes y licuarlos en la licuadora hasta conseguir una mezcla homogénea.
- Enfriar en la nevera durante 2 horas.

Para la *crème fraîche*

- Batir todos los ingredientes.

Para la *Concasse*

- Mezclar los ingredientes.
- Servir el *borscht* con la *concasse* de manzana y pepino y una o dos cucharadas de *crème fraîche*.
- Se conserva durante 1 día en un bote de cristal bien cerrado en la nevera.

Pepinos con hinojo

 30 min

Ingredientes: 3 tazas de pepinos pelados y en rodajas muy finas (*véase* nota), ½ cucharada de sal marina integral.

Salsa con hinojo: 2 cucharadas de anacardos al natural, 2 cucharadas de piñones, 2 cucharadas de zumo de limón, ½ cucharada de jarabe de agave, ½ cucharadita de sal marina integral, ½ cucharadita de cebolla en polvo, ½ cucharada de hinojo picado, agua.

- Poner los pepinos en un cuenco y cubrirlos con agua.
- Espolvorear con sal y dejar reposar entre 20 y 60 minutos.
- Volver a escurrirlos y enjuagar.

Para la salsa
- Batir todos los ingredientes, utilizando la mitad del hinojo, hasta obtener una pasta cremosa y bastante densa.
- Aderezar los pepinos con la salsa y el hinojo restante.
- Servir frío.
- Se conserva en la nevera en un recipiente hermético durante 12 horas.

Nota: la mandolina es el instrumento de cocina más adecuado para conseguir rodajas finas y uniformes.

Especialidades americanas

Mahonesa de anacardos

 10 min + 4 h

Ingredientes: 1 taza de anacardos al natural puestos en remojo durante 4 horas y escurridos, 6 cucharadas de agua, 2 cucharadas de aceite de oliva virgen extra, 2 cucharadas de aceite de semillas de lino, 2 cucharadas de zumo de limón, 2 dátiles deshuesados, 1 cucharadita de cebolla en polvo, ¼ de cucharadita de sal marina integral, ½ cucharadita de ajo en polvo, 1 pizca de pimienta blanca.

- Licuar todos los ingredientes en una licuadora de cocina potente hasta conseguir una salsa perfectamente homogénea.
- Conservar en la nevera en un recipiente hermético hasta dos semanas.

Albóndigas de setas y calabacines   F  30 min + 12 h

Ingredientes: ½ taza de nueces, 1 taza de calabacines troceados, 1 cucharada de *miso* oscuro, 1 cucharada de agua, ¼ de taza de setas en láminas, ⅓ de taza de apio en rodajas, ¼ de taza de cebolla roja en rodajas, 2 cucharadas de semillas de lino doradas en polvo, 2 cucharadas de perejil fresco picado, 1 cucharada de levadura alimentaria en copos, ½ cucharada de salvia fresca picada, ½ cucharadita de sal marina integral, ¼ de cucharadita de pimienta blanca, 1 diente de ajo majado, kétchup fresco, mahonesa y mostaza (*véase* recetas).

- Pulverizar las nueces en el robot de cocina. Añadir los calabacines y seguir batiendo, procurando que éstos no estén demasiado picados. El resultado debe ser una mezcla granulosa.
- Verter en un cuenco. En un cuenco aparte, disolver el *miso* en el agua; verter la salsita encima de la mezcla de calabacines y nueces, añadir todos los demás ingredientes y remover con cuidado.
- Formar seis albóndigas de 1 centímetro de grosor, utilizando ½ taza de la mezcla para cada albóndiga. También pueden elaborarse tres albóndigas de mayor tamaño usando el doble de masa.
- Colocar las albóndigas en la secadera y dejarlas secar entre 6 y 12 horas o hasta alcanzar la textura deseada. Dar la vuelta a las albóndigas al menos una vez en el transcurso del proceso.
- Servir encima de hojas de lechuga o pan de cereales germinados, mahonesa de anacardos, mostaza picante, auténtico kétchup de tomate y todas las decoraciones crudas que se desee.
- Se conservan en un recipiente hermético en la nevera, hasta tres días.

Mostaza picante   F  10 min + 8 h

Ingredientes: ¼ de taza de semillas de mostaza, dejadas en remojo entre 8 y 12 horas, enjuagadas y escurridas, ½ taza de zumo de limón, 9 dátiles deshuesados, 2 cucharadas de *tamari*.

- Licuar todos los ingredientes en un robot de cocina potente, hasta obtener una pasta homogénea.
- Se conserva en un bote de cristal bien cerrado, en la nevera, durante un par de meses.

Croquetas de maíz en un lecho de verduras marinadas con salsa alioli de pimiento rojo y alcaparras

F ⏱ 40 min + 4h

Ingredientes:

Croquetas de maíz: 2 tazas de maíz fresco o congelado (*véase* nota), 2 cucharadas de pimiento rojo picado, ½ taza de nueces de Macadamia picadas (*véase* nota), 2 cucharadas de apio picado, 1 ½ cucharada de cebolla roja picada, 1 cucharada de setas shiitake deshidratadas en polvo (*vease* nota), 1 cucharada de zumo de limón, ½ cucharadita de cebolla en polvo, ½ cucharadita de ajo picado, ½ cucharadita de guindilla picante picada y sin semillas, ½ cucharadita de extracto vegetal, ½ cucharadita de sal marina integral, 1 cucharada de psilio en polvo, ½ cucharada de semillas de lino doradas en polvo.

Salsa alioli de alcaparras y pimiento rojo: ½ pimiento rojo sin semillas y cortado en trozos, 1 cucharada de rábano picante en polvo, ¼ de taza de anacardos al natural, 2 cucharadas de agua, ½ cucharada de cebolla picada, ½ cucharada de zumo de limón, ½ cucharada de tomates secos en polvo (*véase* receta), ⅛ de cucharadita de sal marina integral, ¼ de cucharadita de aceite de aguacate con guindilla, ¼ de cucharadita de pimentón, 2 cucharadas de alcaparras.

Verduras marinadas: 800 g de verduras de hoja verde al gusto, 1 cucharada de aceite de oliva virgen extra, ¼ de cucharadita de sal marina integral, ¼ de cucharadita de ajo picado (opcional).

Guarnición: 3 cucharadas de alcaparras, ½ aguacate en láminas muy finas, ½ cucharadita de aceite con guindilla.

Para las galletas de maíz
- Mezclar en un cuenco todos los ingredientes, excepto el psilio y las semillas de lino en polvo.
- Añadir el psilio y las semillas de lino en polvo. Mezclar cuidadosamente.
- Utilizando el borde de una taza como molde, formar con la masa unas galletas redondas de un grosor aproximado de 2,5 cm.
- Secar las galletas entre 1 y 4 horas.

119

Para la salsa alioli

- Licuar en el robot todos los ingredientes, con la excepción de las alcaparras, hasta conseguir una masa homogénea y cremosa. Si fuera necesario, añadir agua.
- Agregar las alcaparras y batir sólo unos segundos, ya que deben permanecer casi enteras.
- La salsa alioli debería tener la consistencia de la mahonesa, con las alcaparras bien visibles en trocitos.

Para las verduras

- Poco antes de servir el plato, trocear las verduras; sazonarlas con aceite, sal y, si se desea, con ajo.
- Manipular suavemente las verduras para ablandarlas.
- Sacar las galletas de maíz de la secadora justo antes de servirlas y colocarlas en un plato, encima del lecho de verduras.
- Decorar con las alcaparras, el aguacate en láminas y un chorrito de aceite con guindilla.
- Servir tibio con la salsa alioli al lado.
- Las galletas sobrantes se conservan en un recipiente hermético, en la nevera, durante un máximo de cuatro días.

Auténtico kétchup de tomate

Ingredientes: 2 tazas de tomates troceados, ¼ de taza de tomates secos en polvo (*véase* receta), 1 ½ cucharada de zumo de caña de azúcar evaporado, 1 cucharada de zumo de limón, 1 cucharada de pasta de tamarindo (*véase* receta) o bien 2 cucharadas de zumo de limón, ¼ de cucharadita de sal marina integral, 1 pizca de pimienta blanca.

- Batir todos los ingredientes en la batidora.
- Se conserva en un bote de cristal perfectamente cerrado durante una semana.

🍽 Postres . . . .

Las tartas crudistas son excelentes, muy ricas y siempre sabrosas. Son pasteles realizados con ingredientes naturales y, por tanto, pueden comerse cada día sin tener sentido de culpabilidad.

- Las bases de las tartas se elaboran con mezclas de fruta seca y oleaginosa o bien con cereales germinados. Los ingredientes, que se describen en las recetas de bases para tartas, se baten en una licuadora de cocina, siempre que no se indique otra acción, hasta conseguir una masa homogénea, que se utilizará para crear una base de un centímetro de grosor, sobre la que habrá que verter la crema de fruta que se desee. Los mismos ingredientes para tarta pueden servir para preparar galletas, que se secarán en la secadora especial y que podremos conservar en un lugar fresco y seco durante un par de semanas.

- Algunas recetas de pasteles de chocolate contemplan el uso del cacao. El cacao es un estimulante y el polvo que se encuentra normalmente en los comercios procede de habas de cacao tostadas, por tanto, no crudas. También es posible encontrar cacao de habas secas, pero no es fácil. Cabe, por tanto, considerar el empleo del cacao como una concesión que los puristas pueden obviar utilizando el polvo de algarroba, también sabroso y dulce de manera natural.

Base para tarta n.º 1

Ingredientes: 2 tazas de pasas, 2 tazas de nueces.

Base para tarta n.º 2

Ingredientes: 2 tazas de almendras, 1 taza de dátiles.

Base para tarta n.º 3

Ingredientes: 1 ½ taza de semillas de girasol, ½ taza de pasas, 1 cucharada de polvo de algarroba o de cacao.

Base para tarta n.º 4

Ingredientes: 2 tazas de almendras, 1 taza de dátiles remojados, 1 naranja, una pizca de canela, una pizca de vainilla.

Base para tarta n.º 5 F

Ingredientes: 2 tazas alforfón germinado, 1 taza de nueces, 1 taza de albaricoques secos rehidratados, 1 pizca de vainilla.

Tarta de manzana 15 min

Rápida y sencilla, ¡es la versión crudista de la tarta de manzana!

Ingredientes: base para tarta n.º 3

> Crema: 5-6 manzanas peladas y sin corazón, 1 taza de dátiles previamente remojados en agua, 1 pizca de canela, zumo de ½ limón, coco rallado, 1 fruta de temporada (kiwi, plátano, naranja).

- La base se prepara batiendo en el robot de cocina las semillas de girasol, las pasas y el cacao o la algarroba, hasta obtener una mezcla suave y homogénea.
- Extender la masa en un plato u otro recipiente que servirá para presentar el pastel. La base deberá tener un grosor de aproximadamente 1 cm.
- Batir las manzanas con los dátiles, la canela y el zumo de limón sin que queden demasiado cremosas, reservando una cucharada de zumo.
- Verter la mezcla en la base y nivelarla con una espátula. Regar con zumo de limón para evitar que ennegrezca la crema y espolvorear finalmente con coco rallado.
- Reservar en la nevera al menos una hora antes de servir.

Tarta helada de fresas y plátanos 15 min

Ingredientes: base para tarta n.º 4

Crema: 1 bandeja de fresas (congelar la mitad), 4 plátanos (congelar 3), 1 kiwi, coco rallado.

- Batir en el robot de cocina los ingredientes de la base y extender la masa en un plato u otro recipiente que servirá para presentar el pastel. La base deberá tener un grosor de aproximadamente 1 cm.
- Reservar en la nevera aproximadamente 1 hora.
- Batir las fresas y los plátanos congelados hasta conseguir una crema tipo helado, verter la mezcla en la base y decorar con la fruta restante y el coco.

Tarta de chocolate 15 min

- Preparar la base para tartas n.º 2 o 3 y cubrirla con crema de chocolate (*véase* receta).
- Decorar con coco rallado.

Tarta de arándanos 15 min

Ingredientes: base n.º 2

Crema: 2 plátanos, 4 bandejitas de arándanos, 6 dátiles.

- Batir 2 plátanos junto con 4 bandejitas de arándanos y 6 dátiles.
- Verter en la base y decorar con una bandejita de arándanos enteros.
- Reservar en la nevera al menos 3 horas antes de servir, hasta que el pastel se solidifique.

Tarta de melocotón 15 min

Ingredientes: base n.º 5

Crema: 2 plátanos, 8 melocotones.

- Batir los melocotones, los plátanos y verter la crema en la base.
- Decorar con fruta fresca.
- Con el mismo procedimiento pueden elaborarse tartas de piña, fresa, cereza y otras.

Crema de manzanas con especias [F] ⏱70 min

Ingredientes: 5 manzanas, 1 taza de almendras remojadas, 4 cucharadas de pasas remojadas, canela, vainilla, jengibre.

- Batir todos los ingredientes hasta obtener una crema.
- Verter en un cuenco y colocarlo 1 hora en la secadora o en un lugar caliente para conseguir una crema tibia, para disfrutarla en los días fríos de invierno.

Flan de caqui [F] ⏱10 min

Ingredientes: 2 caquis maduros, 2 plátanos, 1 cucharada de pasas remojadas, vainilla o canela u otras especias al gusto.

- Aplastar la pulpa del caquis y de los plátanos con un tenedor.
- Añadir pasas y especias al gusto.

Helado de plátano [F] ⏱10 min + 8 h

¡Nadie podrá adivinar de qué está hecho este helado tan cremoso! También es un excelente sistema para aprovechar los plátanos muy maduros.

- Pelar y trocear unos plátanos muy maduros y congelarlos durante al menos 8 horas.
- En cuanto se hayan solidificado, poner los trozos de plátano en el robot de cocina, licuándolos bastante y recogiendo con una espátula los trocitos de plátano que queden adheridos a las paredes del recipiente.
- Pronto se formará una masa blanca y espumosa que recuerda el helado de vainilla.
- Se puede comer tal cual o añadiéndole coco rallado, vainilla, canela, frutas del bosque, cacao o algarroba en polvo o avellanas picadas al gusto.

Salsa de chocolate

F (⏱) 10 min

¡Excelente con el helado de plátano!

- Batir medio aguacate con una cucharada de cacao o de algarroba en polvo y 3 dátiles remojados.
- Añadir un poco de agua, si fuera necesario, para que la salsa resulte más líquida.

Crema de chocolate

F (⏱) 10 min

Ingredientes: 2-3 aguacates, 2 tazas de dátiles previamente remojados, 3 cucharadas de cacao o algarroba en polvo, vainilla.

- Batir la pulpa de los aguacates con el resto de ingredientes.
- Dejar reposar la crema en la nevera unas horas antes de servir

Crema de fresas

F (⏱) 10 min

Ingredientes: ½ taza de almendras remojadas, 2 tazas de fresas, 2 plátanos.

- Batir hasta que la mezcla quede homogénea y cremosa.
- Decorar con coco rallado.

Galletas de manzanas y pasas

F (⏱) 10 min + 8 h

Ingredientes: 2 tazas de semillas de girasol remojadas, 2 manzanas ralladas, 2 plátanos, ½ taza de dátiles previamente remojados, 1 taza de pasas previamente remojadas, 1 pizca de canela, 1 taza de avellanas rehidratadas.

- Batir todos los ingredientes.
- Preparar unas galletas con la masa y colocarlas en la secadora.
- Secar durante 4 horas por cada lado.

Galletas de albaricoque

F ⏱ 10 min + 8 h

Ingredientes: 1 taza de almendras, 1 taza de nueces de Brasil, 2 tazas de albaricoques secos remojados, canela.

- Batir todos los ingredientes.
- Preparar unas galletas con la masa y colocarlas en la secadora.
- Secar durante 4 horas por cada lado.

Galletas de coco

F ⏱ 10 min + 16 h

Ingredientes: 2 tazas de alforfón germinado, 1 taza de coco rallado, 1 taza de pasas.

- Batir todos los ingredientes.
- Preparar unas galletas con la masa y colocarlas en la secadora.
- Secar durante 8 horas por cada lado.

Hojaldres de fruta

F ⏱ 10 min + 8 h

Los hojaldres de fruta son muy sabrosos, muy indicados para meriendas y tentempiés.

- El procedimiento siempre es el mismo: se baten las frutas que se desee con especias, y el puré resultante se extiende en la placa de la secadora, cubierta con papel para horno.
- Se deja secar hasta conseguir un hojaldre de consistencia blanda pero no húmeda.

A continuación sugerimos unas posibles **combinaciones:**

- **Hojaldre de manzana:** 4 manzanas, 3 dátiles, 1 pizca de canela.
- **Hojaldre de sésamo y plátano:** 5 plátanos, 4 dátiles, semillas de sésamo, piel de limón rallada.
- **Hojaldre de higo:** higos, jengibre y piel de limón rallados.
- **Hojaldre de melocotón:** 5 melocotones, 4 dátiles, vainilla.

Pastelitos de coco

F ⏱ 10 min + 12 h

Ingredientes: 2 tazas de almendras rehidratadas, 1 taza de coco rallado, vainilla, 10 dátiles remojados.

- Batir los ingredientes hasta conseguir una masa homogénea.
- Se pueden elaborar galletas, que dejaremos secar unas 12 horas en la secadora, o bien unas bolitas que rebozaremos con coco rallado o cacao. En el último caso habrá que reservar las bolitas en la nevera al menos 2 horas antes de servirlas.

Trufas

F ⏱ 20 min

Ingredientes: 1 taza de dátiles, 4 o 5 cucharadas de cacao o de algarroba, 4 o 5 cucharadas de mantequilla de almendras.

- Batir los ingredientes y elaborar unas bolitas, que se rebozarán en el cacao.

Avellanas recubiertas

F ⏱ 10 min + 24 h

Ingredientes: 1 taza de cacao o de algarroba en polvo, 1 taza de dátiles remojados, 1 pizca de vainilla, 2 tazas de avellanas.

- Batir el cacao o la algarroba junto con los dátiles y la vainilla, añadiendo un poco de agua si fuera necesario. El resultado deberá ser una crema no muy densa.
- Verter la crema en un cuenco y bañar en el mismo las avellanas enteras.
- Colocar la mezcla a cucharadas en la bandeja de la secadora y dejar secar 24 horas.
- Es probable que las avellanas recubiertas salgan aún blandas pero se endurecerán al enfriarse.

Helado de plátano cubierto con palito [F] ⏱20 min

Ingredientes: 8 plátanos, avellanas y almendras picadas, coco rallado, ½ taza de algarroba en polvo, 1 taza de dátiles remojados, 16 palitos para helados.

- Batir el cacao o la algarroba junto con los dátiles y un poco de agua, si fuera necesario, para conseguir una salsa cremosa, aunque no en exceso.
- En un plato, mezclar el coco con las almendras y las avellanas picadas.
- Cortar los plátanos por la mitad en sentido longitudinal y pinchar con un palito cada medio plátano.
- Sumergir de uno en uno los medios plátanos en la salsa y, a continuación, rebozarlos en el picadillo de coco, almendras y avellanas.
- Colocar los helados en un plato cubierto de papel para horno e introducir en el congelador unas horas. Se pueden conservar en el congelador hasta un mes.

Bibliografía y artículos

AA.VV.: *Il cucchiaio verde,* Ed. Demetra, 1994.

Alfonso, Donatella: *La Repubblica,* 13 luglio 2000, Ecco la pianta che dolcifica.

Baroni, Luciana: *Il mito delle proteine,* ssnv.it.

Brigo, Bruno: *Todo sobre las curas depurativas: siete vías para una purificación natural,* Terapias Verdes, 2004.

Brody, Tom: *Nutritional Biochemistry,* 2.ª ed., 1999, San Diego.

Cohen, Alissa: *Living on Live Food.*

Colbin, Annemarie: *El poder curativo de los alimentos,* Barcelona, Robinbook, D.L. 1993.

Costacurta, Luigi: *La nuova dietética,* Ed. Medicina Naturale s.n.c.

Dalla Via, Gudrun: *Las combinaciones alimenticias,* 3.ª ed. rev., Ibis, Barcelona, 1995.

Duca di Salaparuta: *Cucina vegetariana e naturalismo crudo,* Ed. Sellerio, 1998.

Dufty, William: *Sugar Blues,* Macro Edizioni, 2005.

Dye, Michael: *Protein Propaganda,* Protein and Propaganda.

Elson, M.; Haas, M. D.: *Staying Healthy with Nutrition: The complete Guide to Diet and Nutritional Medicine,* Celestial Arts.

Esposito, Stefano: *Valore biologico e complementazione delle protein: I retroscena,* ssnv.it.

Harrison's, *Principles of Internal Medicine,* 14.º ed., McGraw Hill.

International Food Information Council (IFIC), Washington DC.

Kunz-Bircher, Ruth: *Guía de salud natural Bircher,* Martínez Roca, Barcelona,1986.

Lezaeta, Manuel: *La medicina naturale alla portata di tutti,* Acharan. (*La medicina natural al alcance de todos,* José O. Avila Monteso, Barcelona, 1977).

Marieg, Elaine N.: *Anatomía y fisiología humana,* 9.ª ed., Pearson Addison Wesley, Madrid, 2008.

Momentè, Stefano: *Il vegan in cucina,* Macro Edizioni, 2002.

—: *Vegetariani una vita senza carne,* Armenia Editore, 2001.

Mueller, Michael: Cornelia Stauch, *Il libro dell'essiccazione,* Macro Edizioni, 1993.

Muti, Elio: *Diete sane ed equilibrate,* Demetra, 1995.

Panfili, Adolfo; Valeria Mangani, *La dieta pH,* Tecniche Nuove, 1997.

Piccoli, Ettore: *Naturalismo,* Giovanni Bolla Editore, 1931.

Pigozzi, Paolo: *Il cibo in gravidanza,* Ed. Naturalmente Medicina.

Sullo zucchero raffinato, *Nexus New Time,* ed italiana n.º 28, septiembre 2000.

Valpiana, Tiziana: *Alimentación natural del niño,* Colección Mandrágora, Ibis, D.L., Barcelona, 1995.

Páginas web

http://www.inran.it (tablas nutricionales)

http://www.mednat.org (medicina natural)

http://www.ssnv.it (vegetarianismo y salud)

http://www.unaproa.com (5 colores de la vida)

http://www.veganitalia.com (vegetarianismo y veganismo)

Índice de recetas

Índice